秦皇岛市科技局项目

项目编号：202401A066

律界 AI 革命

法律工作新时代

毕祎然　王博　著

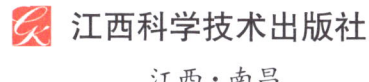

江西科学技术出版社

江西·南昌

图书在版编目（CIP）数据

律界 AI 革命：法律工作新时代 / 毕祎然，王博著．
南昌：江西科学技术出版社，2025.4. -- ISBN 978-7
-5390-9474-8

Ⅰ．D9-39

中国国家版本馆 CIP 数据核字第 2025559L13 号

律界 AI 革命：法律工作新时代　　　　　　　　　　　毕祎然　王　博　著
LÜJIE AI GEMING : FALÜ GONGZUO XIN SHIDAI

出版 发行	江西科学技术出版社
社址	南昌市蓼洲街2号附1号 邮编：330009　电话：（0791）86623491　86639342（传真）
印刷	定州启航印刷有限公司
经销	全国新华书店
开本	710 mm×1000 mm　1/16
字数	210 千字
印张	14.25
版次	2025 年 4 月第 1 版
印次	2025 年 4 月第 1 次印刷
书号	ISBN 978-7-5390-9474-8
定价	78.00 元

国际互联网（Internet）地址：http://www.jxkjcbs.com　选题序号：ZK2024415　赣版权登字：-03-2025-49
责任编辑：范春龙　　　总策划：杨　青　　　出版统筹：柴占伟
策划编辑：杜若婷　师　圣　装帧设计：张　晴
版权所有　侵权必究

（赣科版图书凡属印装错误，可向承印厂调换）

FOREWARD 前言

过去 10 年，人工智能（Artificial Intelligence, AI）已经从理论研究走向实际应用，影响着各行各业。特别是深度学习、自然语言处理和机器学习等技术的突破，为 AI 提供了强大的数据处理能力。这些技术不仅改变了数据处理方式，也重新定义了人机交互的界面。

2022 年，随着生成式 AI 的推出，AI 步入以大模型开发为主导的发展阶段，2024 年第十四届全国人民代表大会第二次会议和中国人民政治协商会议第十四届全国委员会第二次会议期间，"人工智能"再度成为热词。

过去的"互联网+"思维已被未来的"人工智能+"思维取代。GPT-o3、Microsoft 365 Copilot、Midjourney、文心一言等 AI 大模型及工具陆续发布。2024 年高考语文全国卷作文试题紧扣 AI 这一热点。2025 年 DeepSeek 模型发布，以低训练成本、高性能、开源等特点深受国内外用户好评。AI 时代已经到来。

相信众多法律人都看过这个新闻——GPT-4 在美国 BAR 律师执照统考模拟中击败了 90% 的人类。学会使用 AI 对法律人有很多好处，无论是在学习中还是在工作中，法律人都应尽早学会使用 ChatGPT 等 AI 工具，以提高学习或工作效率。

有些法律人对 AI 有排斥心理，原因有两点。

第一，他们认为法律是神圣的、严谨的，具有高度的精确性和严谨性，而 AI 是一种计算机技术，可能会犯错。把一些复杂的案件甚至关系

到个人安全、健康、利益的事情交给 AI 是不放心的。

第二，刚刚接触 AI 的法律人往往认为其能力有限，所生成的内容缺乏创新性，充斥着空话和套话，像个"愚钝的机器"。AI 在处理法律事务时，常常缺乏针对性，容易混淆理论与实践的界限。

事实上，对 AI 的种种误解主要源于法律人对其了解不足以及使用方法不当。使用方法得当，AI 工具能够显著提升法律人的工作效率和学习效果。如果法律人用简单的语言与 AI 互动，AI 的回答也会相对浅显。如果采用专业语言与之交流，AI 的输出则会更专业。因此，正确使用 AI 工具的关键在于法律人掌握与其进行有效对话的方法，明确自身需求，充分发挥其在法律实践中的辅助作用。

AI 时代已经来临，除了搭上 AI 的快车，我们还有别的选择吗？希望法律人通过阅读这本书，学会使用 AI，让其更好地为我们服务，成为推动法律事业发展和提高个人素质的重要工具。

CONTENTS 目录

第1章 了解 AI ··· 1

 第 1 节 什么是人工智能？ 1

 第 2 节 人工智能是怎么发展起来的 3

 第 3 节 聊聊自然语言处理大模型 9

第 2 章 律界迈向 AI 新纪元 ··· 16

 第 1 节 律界如何乘上 AI 的东风 16

 第 2 节 穿梭于人工智能的法律责任 18

 第 3 节 AI 时代，律师的发展之路 21

第 3 章 AI 工作原理及常见模型 ······································· 28

 第 1 节 AI 工作原理 28

 第 2 节 常见模型 37

第 4 章 AI 提示词的用法 ··· 54

 第 1 节 常规模型的提示词 55

 第 2 节 DeepSeek 高阶提示词 82

第 5 章　AI 助力法律考试和进阶学习 …… 99

第 1 节　制订个性化的学习计划　100

第 2 节　知识点"秒查"　105

第 3 节　快速掌握法律知识要点　108

第 4 节　秒变专业解题达人　120

第 6 章　AI 帮手帮助解答律师难题 …… 136

第 1 节　法律咨询新策略　136

第 2 节　AI 助力判例解析研究　142

第 3 节　AI 便捷法律检索　150

第 7 章　法律工作处理 AI 时代 …… 155

第 1 节　AI 文档创建与编辑新模式　155

第 2 节　AI 加速合同的起草和审查　162

第 3 节　AI 助力证据生成　171

第 4 节　轻松搞定法律表格、演示文稿和开庭陈述报告　181

第 5 节　AI 驱动法律文书一键生成　202

第 8 章　AI 背后的伦理与隐忧 …… 207

第 1 节　AI 生成的内容算抄袭吗　208

第 2 节　使用 AIGC 时如何尽量避免侵权　210

第 9 章　AI 革命下的未来律师的发展 …… 212

第 1 节　AI 改变了律师工作的方式　213

第 2 节　律师的新角色　214

第 3 节　从传统律师到 AI 法律顾问的演进　215

第 4 节　法律服务变得自动化和更个性化　216

第 5 节　面对 AI 时代的挑战：把握未来的机会　217

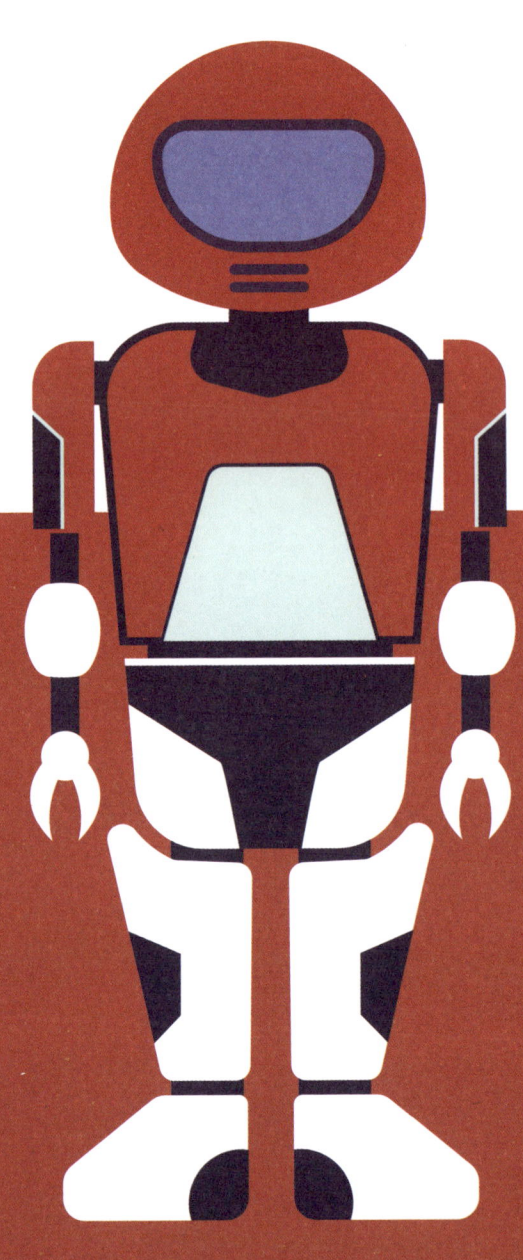

第 1 章

了解 AI

2024 年 3 月 21 日，在 AMD AI PC 创新峰会上，AMD 董事会主席兼首席执行官苏姿丰提出 AI 是 50 年以来最重要的技术，没有之一。AI 正逐渐渗透到人们生活的方方面面，作为一个重要的辅助性工具辅助人们的生活和工作。AI 也正改变人们的生活方式，之前人们需要手动完成的复杂或烦琐的工作，比如计算、决策等，都可以交给 AI，它甚至超越了人类的表现。此外，智能驾驶、智能家居、智能分析等，都在大大提高人们的生活质量。

AI 正被应用于越来越多的现实场景中，对传统行业产生了深远影响。在法律行业，AI 同样有着广泛的应用空间。

第 1 节 什么是人工智能？

"人工"这个词意味着是人做出来的，不是自然生成的，有时候会让人觉得质量比不上天然的东西。但实际上很多时候人造的东西其实比自然的东西要好。比如说，人造石就是通过人工方法制造的，模仿自然石

材的外观和质感,通常比真石头便宜、轻便,维护起来也比较容易。询问AI,给出的关于人工智能的解释如下。

> **问:**[1]
> 请解释一下,什么是人工智能。
>
> **AI:**
> 人工智能(Artificial Intelligence, AI)是指由人造系统所表现出来的智能,这些系统能够通过接收输入(数据或感知信息)并通过算法处理这些信息,来完成特定任务,这些任务通常与人类或其他动物的认知功能相关。人工智能领域涉及计算机科学、心理学、哲学、神经科学等多个学科,它在模拟、延伸和扩展人类智能方面具有重要作用。
>
> 人工智能可大致分为两类:弱人工智能与强人工智能。
>
> (1)弱人工智能(Narrow AI):这类AI系统设计用来执行一个具体的任务,如语言翻译、股市分析或者车辆自动驾驶等,并不具备真正意义上的理解或意识。它们在特定领域内可能表现出高于人类的效能,但其功能受限于设计时设定的范围。
>
> (2)强人工智能(General AI):这类AI在理论上能够执行任何认知任务,具有意识、自我意识和情感。它能够理解和学习任何人类可以的智能行为。当前,强AI仍属于理论和研究阶段,尚未实现。
>
> 在技术实现方面,人工智能系统通常包括但不限于以下几种核心技术:
>
> 机器学习(Machine Learning, ML):通过算法让计算机系统利用数据进行自我学习和改进。
>
> 深度学习(Deep Learning):一种特别的机器学习方法,它使用多层的神经网络来分析各种数据,模拟人脑处理信息的方式。
>
> 自然语言处理(Natural Language Processing, NLP):使计算机能够理解、解释和生成人类语言的技术。
>
> 人工智能的应用广泛,涉及医疗、金融、教育、交通、安全等多个行业,它通过提高效率、精确度和自动化水平,正在深刻改变人类社会的运作方式。同时,AI的发展也带来了伦理、隐私和就业等方面的挑战,这需要法律、政策和社会规范的共同进步来解决。

---

[1] 为了保持真实,本书中AI所给出的答案,我们尽量不作任何处理,所以其中可能会出现部分语法和文字错误等,请理解,本书中如未做特殊标识,所使用的生成AI为"DeepSeek"。

人工智能，简单来说，就是让机器或电脑程序能够像人一样思考和解决问题。它能让机器听懂人说的话，识别图片和文字，跟人聊天，解决问题，学习新东西，甚至做些实际动作，比如操纵机器人或开车。简单说，人工智能的魔力在于让机器具备了听、看、学、行的能力。就像在高速公路上开车，如果我们每一秒都要考虑操作，那开车就变得非常困难了。很多时候，我们凭借驾驶的直觉和经验来达到控制车辆的目的，而这些能力是通过实践逐渐学来的，不是靠死记硬背规则得到的。人工智能也是这样，它的发展不仅仅是复制人的行为，而是需要深入理解智能行为的本质。

第 2 节　人工智能是怎么发展起来的

人工智能的发展历程类似于一部充满挑战和惊喜的科幻小说，从概念的诞生到今天的高速发展，每个阶段都充满了传奇色彩。这不仅是科技的旅程，也是人类对未知世界探索的缩影。回顾一下人工智能的发展经历，1956 年夏日，麦卡锡、明斯基等科学家在美国达特茅斯学院开会研讨"如何用机器模拟人的智能"，第一次提出"人工智能（artificial intelligence，AI）"这一概念，这标志着人工智能学科的诞生。

1.2.1　人工智能的梦想起航

从 1956 年"人工智能"概念提出之后的 10 年内，人工智能迎来了一个发展的小高峰。新观念、新思想、新理论，使得研究者疯狂地涌入，产生了一批瞩目的成就。

1959 年，第一台工业机器人诞生……

1964 年，第一台聊天机器人诞生……

当时因为计算机的运行能力严重不足,在 20 世纪 70 年代,人工智能迎来了第一个寒冬。那时候的人工智能因为刚开始发展,都是通过固定的指令来执行特定的一些任务,没有真正的学习思考能力,所以说,只要任务变复杂之后,人工智能程序就不智能了。

1966 年,麻省理工学院科学家约瑟夫·维森鲍姆在 ACM 上发表了科学性论文——"ELIZA-a computer program for the study of natural language communication between man and machine",文中的 ELIZA 的秘密就像是玩一个猜字谜的游戏。当你对它说些什么时,它会仔细听你的话,找到关键的词,然后根据这些词背后的规则来回答你。就好像 ELIZA 有一个巨大的抽屉柜,每个抽屉里都装着不同的回复方式。当它听到某个关键词时,就知道该去哪个抽屉里找答案,然后用这些答案来和你进行聊天。通过这样的方式,ELIZA 能够和人类进行简单的对话,让计算机和人类的交流看起来更加自然和真实。ELIZA 的聊天界面如图 1-1 所示。

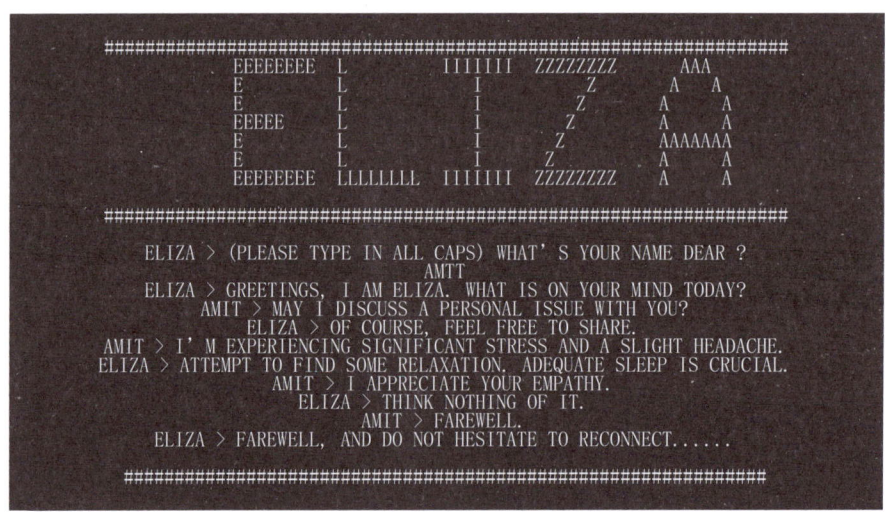

图 1-1 ELIZA 的聊天界面

第 1 章 了解 AI

1967 年，托马斯等人又提出 K 最近邻算法（The nearest neighbor algorithm）。K 最近邻算法（KNN），可以解释为，假设你在一个图书馆中想把一本书放回书架，但是在你的身旁有很多书架，每个书架上都贴着不同的标签，比如"冒险""科幻""历史"等。你手里有一本书，但不知道应该把它放到哪个书架上。这时，KNN 算法就像是一个帮你做决定的小助手。具体做法是这样的：你看看你手里的这本书最像书架上哪些书。你选出最接近的 K 本书，比如最接近的 3 本。如果这 3 本书中有 2 本是"科幻"，另外 1 本是"冒险"，那么你的书最可能是"科幻"类的。这时，你就可以把它放到"科幻"书架上了。KNN 的思想就是这样简单：看看你周围最相似的几个例子，大多数是什么，你就是什么，这就是它进行事物分类的方式。

1968 年，一个叫爱德华·费根鲍姆的科学家创造了一个非常特别的计算机程序，名字叫 DENDRAL。这标志着专家系统的诞生。专家系统如图 1-2 所示。

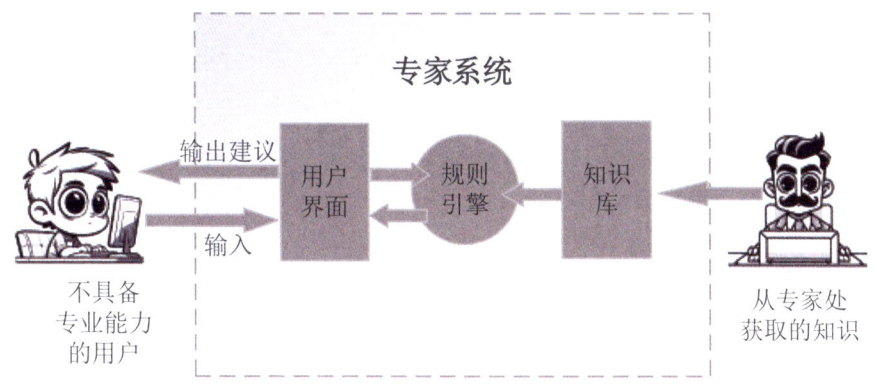

图 1-2 专家系统

这个专家系统有一个超级聪明的电脑大脑，它里面装满了各种专业

的知识和经验。这个电脑大脑主要由两个部分组成：第一部分叫作"知识库"，就像是一个巨大的图书馆，里面存储着海量的专业知识和过往的经验。第二部分叫作"推理机"，它就像是专家的思考方式，能够用知识库里的信息来分析问题，推理出解决问题的方法。简单来说，DENDRAL 就像是一个电脑版的专家，可以帮助人们解决复杂的问题。

1969 年，科学家马文·明斯基写了一本书，叫《感知器》。在这本书里，他指出了一个计算机怎样理解"或者"这样的简单命令的问题。当我们用计算机来判断一件事是不是这样或者那样时，计算机需要能分辨出这两种不同的情况。明斯基发现最基本的计算机大脑模型（单层感知器）是在处理一种叫作 XOR 的特殊情况时做不到这一点。XOR 的意思是如果你告诉计算机两件事中的一件是真的，但不是两件都是真的，计算机需要正确理解和回答。要解决这个问题，需要构建一个更复杂的计算机大脑模型，这个模型有不止一层，能处理更复杂的信息。但问题是当时没有人知道怎么有效地训练这种复杂的模型，让它学会如何工作。明斯基的这些发现打击了很多人对神经网络（一种尝试让计算机模拟人脑工作的技术）的研究热情。接下来的 10 年里，神经网络的研究几乎没什么进展，进入了一个低潮期。可以说，因为一个关于计算机思维方式的大问题，神经网络的研究暂时停滞了。

1.2.2 机器学习的人工智能

人工智能起步很快，人们想用它们来解决更多的难题。但是苦于当时的计算机运算能力不够强大，另外怎么样让机器学习的理论也不够完善，所以当时很多的高期望落空，人工智能的热度也开始衰减。

虽然说那个时候，有人否定了人工智能的发展价值，但是研究者一直没有停止研究的步伐，终于在 1980 年，卡内基梅隆大学的第一套专家系统——XCON 诞生。也就从那个时间段开始，机器学习开始了，人们开始应用各种专家系统。但是由于专家系统经常出现常识性错误，所以人工智能的第二个寒冬时期出现。

直到 1997 年，IBM 的"深蓝"计算机在一场六局制的比赛中，以 2 胜 1 负 3 平的成绩，战胜了当时排名世界第一的棋手加里·卡斯帕罗夫。

"深蓝"计算机每秒能运算 2 亿步，虽然今天看，它不够智能，但它主要靠强大的计算能力来选择最佳的方式，"深蓝"可以预判 12 步，而卡斯帕罗夫却只能预判 10 步，两者高下立见。在那场比赛中，卡斯帕罗夫在第二局输得很惨，这让他很受打击。之后的几局，他感到精疲力尽，战斗意志也受到了影响。到了最后一局，他只下了 19 步棋就决定认输了。当他想要再次挑战对手"深蓝"时，IBM 公司拒绝了他，并且把"深蓝"拆解了。虽然后来卡斯帕罗夫和其他电脑下棋战成了平手，但他再也没有机会跟"深蓝"决一胜负，这成了他心中永远的遗憾。

这一阶段的人工智能跟之前的"专家系统"不一样，"专家系统"依赖的是专家的知识和规则，而"深蓝"这种机器更像是在做大量的尝试和总结，它通过查看所有的可能性，来找到最好的下一步棋。这种方法叫作"穷举法"，通俗说就是归纳总结，利用大量的数据来进行学习、建模，然后归纳总结，最终输出。就像人们准备考试一样，每个人都有一个题库，题库越大，参加考试的时候，出现类似或相同题目的可能就越大，只要出现相同的题目，人们就能迅速给出答案。所以题库越大，就越容易取得好成绩。"深蓝"就是依赖于大量的信息和数据，通过学习和总结这些数据，提高解决问题的能力。

1.2.3 深度学习的人工智能

人工智能研究的关注点开始放在让计算机能有学习能力上。很多专

家都专注于改进计算机的算法，也就是计算机处理信息的方法，但他们忽略了一个很重要的部分——数据。数据就像是计算机学习的教科书，没有足够好的教科书，计算机学得再快也没用。2006年，李飞飞教授开始创建一个巨大的图片库，叫作ImageNet，里面有成千上万张标记好的图片。这个图片库像是提供给计算机一个超大的视觉世界。从这个项目开始，一场关于谁能让计算机更好地识别图片的比赛就开始了。

同年，随着人工神经网络技术的进步，"深度学习"的概念被提出，它就像是给计算机加入了更多的"大脑层次"和"学习能力"，所以计算机能更进一步理解和处理复杂的信息。

2016年，谷歌DeepMind公司开发了一个叫作AlphaGO的人工智能围棋程序，再一次带来巨大震撼，它在一场比赛中战胜了韩国的顶尖棋手李世石，这次胜利并不是偶然的，是意料之内的。随着各种棋局数据的积累，AlphaGO不断进化，它的实力越来越强，可以说，它跟人类棋手对弈胜率无限接近100%了。

那么，它是如何学会下围棋的呢？这时需要引入一个"深度学习"的概念。所谓"深度学习"，它不同于之前的"机器学习"，是一个自主学习的过程，即计算机通过学习大量的数据来模仿人们学习的方法。比如说，当你在教孩子辨认不同种类动物的时候，可能你会给他看各种动物的照片，时间长了，孩子就会学会如何区分它们。"深度学习"也是用同样的方式，让计算机看很多的数据，其中包含有图片、文字或者声音等。计算机通过这种数据，学会识别模式以及规律，进而能够完成像识别图片中的对象、理解自然语言，或者像驾驶汽车等这种复杂的任务。

深度学习使用了被称为"神经网络"的结构，这是一种模仿人脑工作方式的计算模型。神经网络由很多层组成，每一层都能从简单信息中学习到更复杂的概念。在图片识别的任务中，第一层可能只识别边缘，第二层可能识别形状，更高层次的则能识别具体的对象，如人脸或树木。

随着互联网、大数据、云计算等技术的发展，加上用来处理大量数据的图形处理器等的加入，人工智能快速发展。深度的神经网络也跨过了从理论到实践的距离。现在人工智能能实现像识别图片、听懂你说的话、回答复杂问题、跟人下棋，甚至自动驾驶车辆等这一类的技术。这些技术从最初做不到或者做得不好，发展到了现在的可以实际使用的水平，人工智能的发展迎来了一个全新的爆发期。

第 3 节　聊聊自然语言处理大模型

1.3.1　自然语言处理的前世今生

1. 语言模型的秘密：如何让机器学会语言

让机器学会语言，像是科幻小说中的情节，实际上这个过程就是在教计算机玩"猜词游戏"，它有个名字，叫作"自监督学习"。"自监督学习"是一种比较特殊的学习方式，它不需要人们对数据进行标记，告知模型是对还是错，它只是利用文本数据本身来作为学习的指导。在自然语言的处理之中，模型通过阅读和分析大量的书、文章或者网页内容等，自己来学习语言的规则和模式。

训练一个语言模型，分为以下几步：

（1）准备大量数据。收集大量的文本数据作为训练的材料，就像给小朋友很多书，让他们学习知识一样，也需要提供给计算机大量的文本。

（2）预处理。为了让计算机学习更容易，把这些文本数据切割成更

小的片段,就像是给小朋友讲故事一样,一段一段地讲给他们听。

(3)学习过程。这一步,是计算机进行学习的过程,模型会填补文本之中缺失的部分,我们给它一句话的开头,它要尝试猜测出下面是什么词语。通过不断地猜测和学习,计算机开始掌握语言的奥秘,这是自然语言处理的关键步骤。

(4)优化调整。根据模型的预测结果和实际结果之间的差别,调整模型的内部参数,从而让它不断优化,在下一次预测时能更加准确。

通过这一系列的训练,计算机就能懂得语言的基本构造了,它们可以生成听起来比较自然的句子,这个初级阶段的计算机被称为基础模型,就像刚学会走路的小宝宝,然后可以进一步学习跑步、跳跃等更为复杂的技能。

2. 从预训练营到专业化的过程:如何让 AI 大脑专供新技能

上面训练的计算机模型,已经学会了基本的语言和通用知识。如果我们想让这些计算机模型变得更专业,我们该怎么去做呢?以让它们成为一个法律专家为例子,通过"模型微调"的过程,让它们(AI 模型)来进行新领域开发。

(1)预训练模型的神秘力量。预训练模型就像是经过基础训练的大脑,它们通过阅读海量的文本资料,掌握了语言的基本规则和知识。这个过程让它们有了一个高的起点,能够理解文本并执行如翻译句子或回答问题等简单的任务。

(2)进阶模型微调。微调是给这些大脑进阶训练,让它们在特定的领域变得更加强大。如果我们想让一个 AI 成为法律领域的专家,我们就需要在法律文档上进行微调,提供给它们一些法律方面的资料,进行额外的训练,从而让 AI 学会法律术语,理解复杂的法律文档,甚至总结和解释法律协议。

（3）微调的原因。AI 可以通过在已经获得的知识基础上进行微调，更快适应新的领域，而不用从零开始学习。微调可以让预训练模型中非常丰富的语言理解的能力得到更充分的利用，最终实现把握最细微的区别，提供更为精确的输出的目的。

迁移学习的核心就是一种从一个任务到另一个任务的转移，这就好像是你学会了骑自行车，当你要学习骑摩托车的时候，可以利用很多在骑自行车时学到的技巧。如果说我们给 AI 一个基础训练，让它跟学习骑自行车一样掌握一些通用的技能和知识，当我们想让它学习新任务的时候，就可以利用这些技能和知识，更快地适应新的任务，也就跟从骑自行车到骑摩托车的过程一样简单。

这种迁移学习不仅适用于语言 AI 模型，而且适用于各种 AI 领域。在此过程中，AI 模型不需要从零开始学习新任务，这样可以达到节省时间和资源的目的。简单来说，迁移学习就是让 AI 在完成一个任务后几乎不需要额外训练就可以轻松跳到另一个任务上去。

3. 为什么更大的 AI 大脑学得更好？

如果你有一个巨大的空间来存放书籍，那你就能够收集更多的知识。在 AI 世界中，巨大的空间是由所谓的"参数"组成的。这些参数充当着记忆的角色，存于 AI 的大脑中，帮助 AI 进行学习和记忆，而这个 AI 的大脑就叫作"神经网络"，具体如图 1-3 所示。

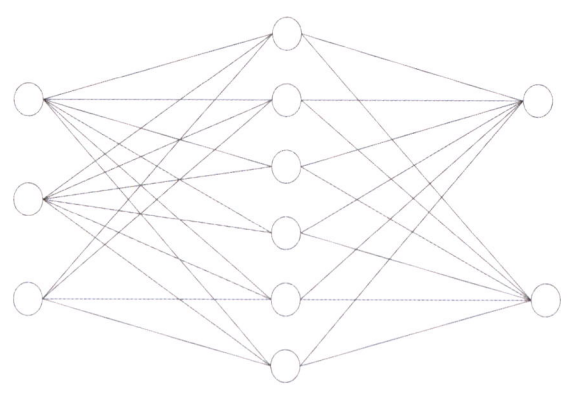

图 1-3 神经网络

AI 的大脑是由许多我们称为"神经元"的小部件组成的，它们通过连接来进行交流，就像人脑中的神经元之间的连接，每个连接都有一个"强度"，也就是参数。当 AI 进行学习的时候，这些连接强度会发生改变，达到记忆新的信息和知识的目的。拥有更多参数的 AI 大脑往往能"记住"更多的信息，这样可以学会更多的语言规则和模式，进而更好理解和生成语言。一个更大的 AI 模型也需要更多的计算资源（像是计算机的处理能力和内存）来训练，这个训练过程就是让 AI 学习的过程。它也像图书馆需要更多的书来填充一样，需要更多的数据来学习。

1.3.2 大语言模型的进化

2017 年，谷歌公司发表了一篇题为 *Attention is all you need* 的论文，从此 Attention 机制之下的 Transformer 模型开始对自然语言处理（NLP）领域进行主导。随之利用 Transformer 模型结构的预训练语言模型 GPT 和 BERT 大放异彩。在文字处理或者图片处理方面，Transformer 模型开启了新世界的大门，引领了一场革命，在自然语言处理领域，是技术的飞跃，也是人类和机器交流根本性转变的标志。

当你在读一本书，或者跟朋友聊天的时候，你的大脑会自动注意一些重要信息，同时能记住书中的故事的关键人物，或者谁说了什么话，聊天的主题是什么。拥有这种能力就可以理解整个故事。Transformer 模型就是让计算机具有这种能力，也就是用机器学习的方式"理解"和"生成"语言。

1. Transformer 的聚光灯——自注意力机制

计算机在使用 Transformer 模型来处理一段文字的时候，"自注意力机制"就像是聚会中的你，而这段文字中的每个词就像是聚会上的每个对话。Transformer 模型会"聚焦"于文字中的某一个词语，同时评估它跟文字中其他部分的关系，从而更好地判断出哪些词语之间有更为紧密的关系，哪些词语对理解这段文字的意义更关键。自注意力机制就像聚会上你发现某个话题与你即将参加的活动紧密相关一样，它也可以在处理文本时，帮助模型识别出对于理解文字含义更为重要的词语。自注意力机制更像是 Transformer 的一种能让模型像人类一样处理文本的能力。

2. 理解与创作的双人舞——解码器和编码器

编码器的任务是听懂和理解所提供给它的信息。当你告诉 Transformer 模型一个故事或者一段文字的时候，它会非常认真地去理解其中的细节，确保不会错过任何重要信息。编码器通过自注意力机制来帮助自己关注其中每个部分，理解每个词汇以及句子背后的含义。

而解码器就是那个有创造性的艺术家，它负责执行命令。如果编码器提供的是翻译任务，解码器会调用系统模型用另一种语言在确保忠实原文、流畅自然的前提下来翻译上面的文字。如果是回答问题，那么它

会利用信息调用模型,搜索答案。解码器在工作过程中会调用"自注意力机制"来确保创作出来的内容新颖,同时与给定的信息密切结合,不跑题。

3. 词汇排列的秘密

"狗咬人"和"人咬狗"是一样的意思吗?显然不是,所以创作时每个词汇出现的位置很重要,如果顺序出错,那么故事的意思就可能会发生很大变化。Transformer 模型很重要,它会提供一种"位置编码"的技巧,让计算机也能理解顺序上的细微差别。当你组装一个玩具火车时,每个部分(词汇)都有自己的位置,只有当你按照正确的顺序摆放,火车才可以正确组装且运行。位置编码就是来帮助计算机把这些"玩具火车部件"摆在正确位置上,进而确保理解句子的真实意思。

4.Transformer 模型的应用实例

搜索引擎的大脑——BERT(bidirectional encoder representations from transformers)。想象你在一个巨大的图书馆里迷路了,你要找的是一本关于恐龙的书,但这个图书馆里有成千上万本书。现在,假设图书馆里有一个超级聪明的管理员,名叫 BERT。BERT 不仅知道每本书的内容,还能理解你问的问题背后的真正意图。这就是 BERT 的特殊能力:它能够深入理解你的提问,然后在这个庞大的信息图书馆——互联网中,快速找到最精确、最相关的答案给你。

比如,当你向 BERT 提出"恐龙是怎么灭绝的?"的问题时,BERT 能够理解你问题背后的真正含义,就好像它有读心术一样。它不仅仅是简单地寻找关键词"恐龙"和"灭绝",还深入理解整个问题的上下文。

BERT 在"训练"期间阅读了大量的文本,从古代到现代的各种信息它都看过。这使得它能够理解语言随时间变化的细微差别。所以,当你问它问题时,它能够结合广泛的背景知识来理解和回答。

一旦 BERT 理解了你的问题,它就像一个精准的导航器,在互联网这个巨大的图书馆里快速找到答案。它知道哪些信息是真正相关的,哪些是次要的,帮你过滤掉无关紧要的信息,直接带你找到你想要的答案。

在 BERT 的帮助下,搜索引擎不再只是简单地匹配关键词,而是能够理解查询内容的深层含义。这意味着当你下次在网上搜索时,得到的答案会更加准确,更加贴合你的真实意图。无论是复杂的学术问题,还是日常生活的小问题,BERT 都能帮你找到满意的答案。

第 2 章
律界迈向 AI 新纪元

AI 技术的问世,给律师界也带来一股新风,AI 的应用正在重新塑造律师的工作方式,律师可以用 AI 来实现快速寻找资料、审查合同甚至诉讼预测等。随之而来许多问题,如果 AI 犯了错谁来负责?我们应该怎么保护客户的隐私?律师和法律机构要不断学习和适应 AI 的节奏,确保能在 AI 的新纪元中有效地服务于社会和正义。

第 1 节 律界如何乘上 AI 的东风

2.1.1 法律界的效率革命

时代发展很快,法律界专业人士也面临着海量数据的挑战,他们需要在短时间内从大量的案例、法规和文献中找到相关信息,这是一项耗时且复杂的工作。但现在有了 AI,一切变得简单多了。

AI 就像是那个能在图书馆里帮你快速找到任何资料的图书管理员,你只需要告诉它你在寻找什么,它就可以在几秒钟内把答案摆在面前。

更厉害的是，AI 还能把文件分类、标记，甚至帮你总结重点，整理那些乱七八糟的文件，不让你因为找不到某个文件而头疼。它可以帮助你更快、更准确地完成工作，相当于有一个 24 小时不知疲倦的机器人帮助你。

在律师的日常工作中，AI 就像是一个"秘书"，能有效帮助律师安排日程、跟踪案件进度，并确保所有的文件整理妥当。律师可以把更多的时间用在如为客户制定策略、法庭辩护等需要人类智慧的工作上。

AI 还能"预测未来"——它可以分析过去的案例，告诉你你的案件可能会有什么结果。当然，它不是算命先生，不能百分百准确，但至少能给你一个大概的方向，帮你做出更好的决策。AI 就像是律师的超级助手，它让律师的工作变得更轻松，也更高效。未来它可能会学会更多的技能，成为法律界不可或缺的一员。

2.1.2 大众的法律助手

以前你遇到法律问题需要帮助，可能要预约律师，而且费用可能不菲。但现在，AI 技术正在改变这一切，让法律服务变得更加容易获取和负担得起。

现在你只需要打开电脑或手机，无论是租房合同的问题，还是工作中的权益保护，都能通过在线平台得到法律建议。AI 就像是一个随时待命的法律顾问，能提供初步的指导。AI 可以帮助那些可能没有足够资源雇佣律师的人，比如 AI 可以生成标准的法律文档，帮助人们处理一些简单的法律事务，或者起草租赁协议或申请版权保护。每个人都有机会获得必要的法律支持，不再受限于经济条件。

当然，AI 不能完全替代专业律师，尤其是在需要深入的法律咨询或者法庭辩护的时候，但它确实为普通人提供了一个高的起点，让法律服务更加平等和普及。或许这就是法律服务民主化的魅力，每个人无论来

自何方,经济条件如何,都有机会获得必要的法律支持。

第2节 穿梭于人工智能的法律责任

2.2.1 AI的法律身份是什么?

现在的AI就像是电脑或者手机,我们把它看作一种工具或者是我们拥有的东西,它们并没有自己的权利和责任。但是随着AI的发展,它变得越来越"聪明",我们要思考,是不是应该给AI一些特殊的"地位",也就是说,让它在法律上有点像个人。

如果让AI拥有自己的"电子人格",那它就可能自己负责它做的事儿,比如说能够自己拥有东西或者说跟人签订"合同",这虽然听上去有点像科幻小说里面的情节,但是这其实是专家在考虑的问题。在日常生活中,随着AI的融入,我们可能需要更新有关AI的一些内容。

AI在法律上的身份和地位可能会发生变化,它可能不再只是被视为一个简单的工具或财产,而是成为能够在法律上承担一定责任的"个体"。这是一个复杂又令人兴奋的变化,我们正慢慢地走向这个未来。

2.2.2 AI犯错,谁来背锅?

想象一下,如果一个AI程序做错了事,比如自动(辅助)驾驶汽车发生了事故,那么问题来了:谁应该为这个错误负责?一般来说,我们可能会想到责任落在制造这个AI的公司、使用这个AI的人,或者是拥有它的人头上。但是,随着AI技术越来越先进,事情变得没那么简单了。

AI 有些是可以自我学习的，这意味着它们能够在没有人类直接指导的情况下，自己做决定和行动。如果这些自主做出的决定导致了问题，那么就很难说是开发 AI 的人的责任，因为连开发者自己都可能没想到 AI 会那样做。

在这种情况下，我们以前用的一些确定谁该负责的规则可能就不太适用了。我们可能需要采用一些新的办法来决定当 AI 犯错时，怎样去分配责任。这就要求我们的法律和规则随着技术的发展而更新，来确保当问题发生时，我们能清楚地知道责任该如何分配。简单来说，随着 AI 变得更聪明，我们也需要变得更聪明，来处理它可能引起的问题。

2.2.3 我的秘密 AI 能保护吗？

你的个人信息就像是放在一个保险箱里的宝贝，而 AI 就是那个可能需要使用这些宝贝的人。但是，不是谁都能随便打开保险箱拿东西，他们需要遵守一套规则。

简单来说，这些法律就像是给 AI 制定了一系列的"行为准则"，确保它在用你的信息时能保守秘密，不将这些信息泄露给不该看到的人。AI 在拿到你的信息之前，不经过你的允许是不可以的，它需要向你明确"借用"你的信息，并告诉你它要用这些信息做什么，确保你同意了才行。欧盟有一项叫作通用《数据保护条例》（general data protection regulation，GDPR）的规定，对于保护个人数据设定了很高的标准。也就是说，如果 AI 想要处理来自欧盟公民的个人数据，它必须非常小心，确保一切操作都是安全的，而且是合法的，不能随便用这些数据做它想做的事。

这些规则就是为了保护我们的个人信息安全，确保 AI 在帮助我们的同时，不会侵犯我们的隐私。询问 AI，对于如何保证用户的数据和隐私

不被泄露,它进行了如下回复。

问:
你好,ChatGPT,请问你怎么保证我的数据和隐私不被泄露?

AI:
关于数据和隐私保护,作为一个基于 AI 技术的交互系统,我遵循严格的数据安全和隐私保护政策。以下是确保用户数据安全的关键措施:

(1)数据加密:所有与我交互的数据在传输和存储时都进行加密处理。使用先进的加密技术,如 TLS(传输层安全协议),可以确保数据在互联网上的传输过程中不被第三方读取或篡改。

(2)访问控制:严格限制对用户数据的访问。只有授权的系统和人员在必要时才能访问这些信息,并且他们必须遵守高标准的安全协议。

(3)数据匿名化和去标识化:在处理用户数据时,移除与个人身份直接相关的信息,以减少隐私泄露的风险。这意味着在大多数情况下,数据被匿名处理,从而保护了您的身份和隐私。

(4)遵守法律法规:遵循国内外的数据保护法律法规,例如欧盟的通用数据保护条例(GDPR)和其他地区的类似法规。这些法规要求对个人数据的处理负有高度责任,确保数据的合法、公正和透明处理。

(5)定期审计和测试:进行定期的安全审计和渗透测试,以发现和修复潜在的安全漏洞。这些审计帮助确保所有的安全措施都能有效地保护用户数据。

(6)用户控制和透明度:用户通常可以控制自己的数据,如请求查看、修改或删除个人信息。同时,用户也被明确告知其数据如何被收集、使用和存储。

通过这些措施,可以大大减少数据被误用或非法访问的风险,确保用户的隐私和数据安全。这是构建用户信任和保障系统可持续运行的基础。

第 3 节　AI 时代，律师的发展之路

在 AI 时代，生成式的大模型的发展已经超乎了所有人的想象，律师的职业发展也因此面临着独特的转型和机遇。随着 AI 技术的日益成熟，传统的法律实践方式正在发生变革。AI 能够处理大量数据，提供案件研究和文档审核等服务，这极大地提高了律师的工作效率，也改变了律师的日常工作模式。

随着大数据、云计算和机器学习等技术的突破，AI 在各行各业的应用越来越广泛。在律师行业，AI 技术已经被广泛应用于法律研究、案件分析、合同审查与起草、在线法律咨询等领域，显著提高了律师工作的效率和质量。AI 时代，律师职业将更加侧重于技术的融合和创新，那些能够适应新技术并利用这些工具来优化法律实践的律师，将能够在职业道路上走得更远。

2.3.1　提升律师的工作效率

对于律师而言，AI 可以让他们从烦琐的数据分析、文件查找等工作中解放出来，转而专注于解决更为复杂的法律问题，从而能够更有效地服务客户。所谓"工欲善其事，必先利其器"，如果有一种工具，能让你的工作效率提高好几倍，你会怎么去做？对于法律从业人员来说，AI 就是他们的"新工具"。

其实 AI 可以在几秒钟内阅读整本的法律数据，记住其中的每个细节，还能分析之前出现过的类似的案例，并以此分析现在这个案例的发展趋势和案件模式。其最神奇的地方在于，对于占用时间很多的法律文

书写作上，你只需要告诉它你需要什么，它就可以为你准备好你所需要的一切，来帮助你完成写作。

律师如果能熟练使用 AI 工具，他们不仅可以给客户提供更快速、精确的服务，也可以展示他们的专业能力和对行业发展趋势的适应能力。在法条检索、类案检索上，利用 AI 工具，可以迅速找到与案件相关的内容，从而可以精准直达目标，进一步提高律师的工作效率。

> **问：**
> 请你提供一下《中华人民共和国民法典》中有关于离婚的法条，精确到每条法律条文即可。
>
> **AI：**
> 《中华人民共和国民法典》中关于离婚的相关法律条文主要集中在第一千零七十六条至一千零九十二条。以下为这部分条文的具体内容：
>
> 第一千零七十六条　夫妻双方自愿离婚的，应当签订书面离婚协议，并亲自到婚姻登记机关申请离婚登记。
>
> 离婚协议应当载明双方自愿离婚的意思表示和对子女抚养、财产以及债务处理等事项协商一致的意见。
>
> 第一千零七十七条　自婚姻登记机关收到离婚登记申请之日起三十日内，任何一方不愿意离婚的，可以向婚姻登记机关撤回离婚登记申请。
>
> 前款规定期限届满后三十日内，双方应当亲自到婚姻登记机关申请发给离婚证；未申请的，视为撤回离婚登记申请。
>
> ……
>
> 第一千零九十一条　有下列情形之一，导致离婚的，无过错方有权请求损害赔偿：
> （一）重婚；
> （二）与他人同居；
> （三）实施家庭暴力；
> （四）虐待、遗弃家庭成员；
> （五）有其他重大过错。
>
> 第一千零九十二条　夫妻一方隐藏、转移、变卖、毁损、挥霍夫妻共同财产，或

第 2 章 律界迈向 AI 新纪元

> 者伪造夫妻共同债务企图侵占另一方财产的，在离婚分割夫妻共同财产时，对该方可以少分或者不分。离婚后，另一方发现有上述行为的，可以向人民法院提起诉讼，请求再次分割夫妻共同财产。[①]

客户在面对懂 AI 的律师时，会觉得这位律师走在时代的最前沿。这对于吸引客户和建立行业的信誉是十分重要的。AI 给予了律师提升工作效率的机会，它就像是律师的"小秘书"，帮助律师处理琐碎的工作，让律师能有更多的时间来处理更复杂的法律问题。

2.3.2 比较专业的"法律工具"

我们可以设想一下，AI 是否可以给法律行业带来便利？AI 的回答如下。

> **问：**
> 你认为 AI 可以给法律行业带来什么便利？
> **AI：**
> AI 可以显著提升法律行业的效率和效果，具体表现在以下几个方面：
> （1）文档分析和管理：
> AI 技术可以自动化处理大量的法律文档，如合同、诉状、法律意见书等。利用自然语言处理（NLP）技术，AI 可以快速识别和分类法律文件中的关键信息，帮助律师高效地进行案件研究和文档管理。
> （2）预测案件结果：
> 利用历史数据和机器学习算法，AI 能够预测法律争议的可能结果。这种预测能力可以帮助律师更好地为客户制定策略，评估诉讼风险，并做出是否接受和解或继续诉讼的决策。

[①] 为了节省篇幅，本截图中的条文用省略号代替。在实际操作中，会列出全部条文。

（3）合同审查和生成：

AI工具能自动检测合同条款中的问题，如不一致性、潜在的法律风险和遗漏的关键条款等，同时还能根据已有模板自动生成合同，显著提高合同起草的速度和准确性。

（4）法律研究：

AI可以快速筛选和分析大量的法律文件、案例和法规，帮助律师在准备案件时节省大量的时间。例如，通过AI分析工具，律师可以快速找到相关的判例、法条和学术文章。

（5）法律咨询和交互式服务：

AI也可以在客户服务方面发挥作用，例如通过聊天机器人提供初步的法律咨询。这些系统能够解答简单的法律问题，为客户提供24/7的服务，同时减轻律师的工作负担。

（6）合规检查：

在企业法务管理方面，AI可以帮助企业监控和确保其操作符合相关法律和规定，及时发现合规风险并采取预防措施。

通过这些应用，AI不仅可以提高法律专业人士的工作效率，还能改善服务质量，减少人为错误，最终为法律服务的接受者带来更多的价值。

在专业的法律工作上，AI中的大模型和自然语言处理技术可以帮助法律从业人员更快速地获取和理解法律信息。律师可以深入特定的法律领域，比如说知识产权、环境保护、国际关系等方面，AI使律师能够提供更精准和个性化的服务。律师可以根据AI提供的数据和分析，为客户制订法律策略，其不仅要体现当前的法律环境，还要预见未来的法律风险和机遇。

2.3.3 为法律人提供法律思路和灵感

很多复杂的法律案件都可以利用AI的高效文本处理能力来使其变得简单。在法条的检索、相同案件检索的过程中，AI检索比传统人工检索方式的关联性更强，所以在检索的结果上会有更好的用户体验。对于法律文书的分析，AI可以为法律人员在诉讼策略的制订、争议问题的处理以及案件事实的认定等方面,提供更强的思路和灵感。

问:
今天有个客户来咨询财产保全的问题,我不知道应该怎么给他讲解,你能给我提供一些思路吗?

AI:
在处理财产保全的咨询时,可以从以下几个关键点来向客户讲解:

(1)财产保全的定义和目的:

开始时,向客户解释财产保全是法律上为防止财产在诉讼过程中被转移、隐匿或损毁,确保诉讼效力能够实现而采取的措施。目的是保障债权人的权益,确保未来执行判决或仲裁裁决时财产可供执行。

(2)适用情形:

说明在何种情况下可以申请财产保全。一般情况下,如果存在证据显示被告可能转移、隐匿财产或者其他可能使判决难以执行的情形,债权人可向法院申请进行财产保全。

(3)申请程序:

向客户详细介绍申请财产保全的程序,包括需要提交的文件、证据以及可能涉及的法院费用。强调在申请财产保全时通常需要提供相当于保全金额的担保,除非法院认可可以免除。

(4)可能的财产保全措施:

详细说明可以采取的保全措施,如查封、扣押、冻结账户等,以及这些措施的具体法律后果和实施方式。

(5)法律后果和风险:

提醒客户,虽然财产保全可以有效保护债权,但如果未能在诉讼中胜诉,申请人可能需要对被保全方的损失承担赔偿责任。

(6)案例分享:

如可能,分享一些相关的案例,让客户更直观地理解财产保全的申请条件、流程及可能面临的问题。

通过上述步骤,您可以帮助客户全面理解财产保全的重要性和操作流程,从而更有效地保护他们的合法权益。

通过 AI 提供的思路，我们可以更好地为客户讲解"财产保全"相关的知识，当然在知识讲解的过程中，如果有任何不清楚的地方，我们也可以向 AI 来寻求帮助如下。

> **问：**
> 你所提供的思路中的"财产保全措施"我不太理解，请你深度讲解一下。
> **AI：**
> 财产保全措施是法院在民事诉讼中采取的临时措施，旨在防止被告方在诉讼过程中转移、隐匿或销毁财产，确保将来判决能够得到有效执行。这些措施主要包括查封、扣押和冻结，下面详细介绍这些措施的具体内容和法律意义：
>
> （1）查封：
> 查封是指法院对某些不动产或者特定的动产进行封存的措施，使得被查封财产不能进行交易或变更。查封通常适用于房地产、车辆、机械设备等具有明确登记的财产。通过查封，保证这些财产在法律程序结束前保持现状，不会被转让或贬值。
>
> （2）扣押：
> 扣押是将被告的动产或文件资料等直接控制在法院手中，防止其使用或处分。这种措施适用于便于移动的财产，如家具、电子产品、现金、股票等。扣押确保这些财产在诉讼过程中保持不变，便于日后根据判决进行处理或返还。
>
> （3）冻结：
> 冻结是指法院对被告的银行账户或其他金融账户下达指令，暂停账户内资金的任何出入和使用。冻结措施常用于处理涉及较大金额的案件，如大额借款、商业交易争议等，以确保足够的资金可用于满足判决需要。
>
> 这些保全措施都需要债权人或申请人向法院提出申请，并往往需提供相应的保证金或担保，以防对被申请人造成不必要的损失。如果最终判决确定申请人无权获得这些保全措施，则申请人可能需承担相应的赔偿责任。
>
> 总体来说，财产保全措施是一种有效的法律工具，用于保护债权人的利益，防止在长时间的诉讼过程中财产状况发生变化，从而无法执行判决。

2.3.4 让专业表达更加有"亲和力"

人们都认为，法律是冷冰冰的，跟律师沟通也是如此，觉得律师是个很"高端"的职业，高高在上。以法律咨询为例，在 AI 的基础上语言大模型中所蕴含的语言特征，能够让大模型生成的回答更加接近客户的期待和理解，避免法律人在回答法律问题时的惯用思维，如取保候审、财产保全等名词造成客户听得云里雾里的情况。但是要注意，AI 回答并不能作为纯粹的法律解读，仅可以作为法律参考。

问：

我有个客户来咨询离婚的问题，我应该怎么给他解释《中华人民共和国民法典》第一千零七十七条　自婚姻登记机关收到离婚登记申请之日起三十日内，任何一方不愿意离婚的，可以向婚姻登记机关撤回离婚登记申请。

前款规定期限届满后三十日内，双方应当亲自到婚姻登记机关申请发给离婚证；未申请的，视为撤回离婚登记申请。

AI：

《中华人民共和国民法典》里的这个规定实际上是给了夫妻双方足够的时间来考虑是否真的想离婚。这里是怎么操作的：

（1）当一对夫妻到婚姻登记处提出离婚申请后，登记处会给他们 30 天的时间来思考。在这 30 天里，如果其中一人觉得不想离婚了，可以单独决定撤回他们的离婚申请。

（2）如果 30 天过去了，没有人撤回离婚申请，夫妻双方还需要在接下来的 30 天里亲自去婚姻登记处，办理离婚手续，领取离婚证。

（3）如果在这第二个 30 天内，他们没有去登记处领取离婚证，那么法律上认为他们撤回了离婚申请，他们还是正式的夫妻。

简单来说，这个规定是为了确保夫妻双方有充分的时间考虑离婚的决定，防止草率行事。如果在任何一个阶段改变主意，还有机会撤回决定。

第 3 章 AI 工作原理及常见模型

第 1 节 AI 工作原理

常用的 AI 模型主要依赖 Transformer 架构。Transformer 可以被理解为一个强大的"翻译官",它可以把输入的文本(人们所说的话)转换成一种特殊的"语言",以便神经网络更容易理解,同时它会把神经网络的"回答"再次转换成人类能理解的文本。

3.1.1 分词

分词(tokenization)是语言模型处理文字的第一步,这一步骤的目的是把输入的文本分割成一个一个的 token(令牌),再和词典匹配,以让机器认识文本。目前主流的分词方法如图 3-1 所示。

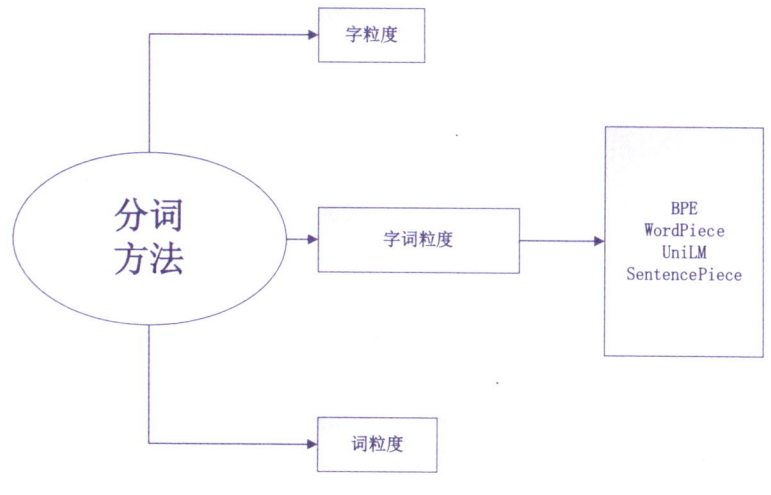

图 3-1 分词方法汇总

1. 词粒度

词粒度分词是一种在自然语言处理中被广泛使用的技术,它将文本分解成含义完整的词。这种分词方法模拟了人类阅读和理解文本的自然方式。例如,英文法律文本"The defendant was found guilty of manslaughter"(被告被判过失杀人罪)被分词为"The / defendant / was / found / guilty / of / manslaughter"。中文法律文本"被告人因过失杀人罪被判有罪"被分词为"被告人 / 因 / 过失 / 杀人罪 / 被判 / 有罪"。

词粒度分词方法的优势在于其能够保持每个词的完整语义,这对于理解和处理含义密集的文本(如法律文件)尤为重要。

当遇到拼写错误或非标准表达的文本时,词粒度的分词效果会有所下降。每个不同的词都被视为一个独立的单元,导致词汇表非常庞大。在训练数据中未出现过的词将无法被模型正确处理。这在处理包含新术语或新法律条文的文本时尤为明显。

2. 字粒度

字粒度分词可以理解将语言拆解成最基本的构件。就像搭乐高积木一样，每一个小积木虽小，却是构建复杂结构的基础。

字粒度最早由安德烈·卡帕斯于 2015 年提出。其根据每个字母（对于英文）或每个单字（对于中文）进行分词。该分词方法简单且直接，大幅缩小了词汇表，因为字母和汉字的数量远少于整个语言中词语的数量。这使模型在处理未知词或者罕见词时变现出很好的鲁棒性，效率更高。

以法律名词"侵权行为"为例，利用词粒度分词方法，这个名词会被视为一个整体，而利用字粒度分词方法，它会被拆分成"侵""权""行""为"。被拆分后，每一个字单独看意义不大，但组合起来就能形成完整的概念。

字粒度分词方法也有不足之处。首先，每个单独的字或字母通常没有太多的语义。比如，单独的"侵"和"权"不足以表达完整的法律概念。其次，这种方法虽然缩小了词汇表，却增加了处理的长度，原本一个词只需要一个 token，现在却需要多个 token。这就意味着在实际应用中，处理这些更长的输入序列会消耗更多的计算资源。

但是，如果词粒度和字粒度都不尽如人意，我们还有一个替代方案：子词分词（subword tokenization）。这种方法试图在词粒度和字粒度之间找到一个平衡点。它通过识别词内的常见模式，将常见的字母或字的组合作为一个单元，既减少了词表的大小，又保留了足够的语义信息，处理起来更加灵活和高效。比如，"侵权行为"可能会被分为"侵权"和"行为"，这样既保持了语义的完整性，又减少了输入的复杂度。

3. 子词粒度

子词粒度是一种巧妙的文本处理技术，它试图在词粒度和字粒度之间找到一个平衡点。它通过识别词内的常见模式，将常见的字母或字的组合作为一个单元，既减少了词汇表的大小，又保留了足够的语义信息，处理起来更加灵活和高效。

它的处理过程就像人们在玩拼字游戏。人们用手里的字母牌拼出单词，如果某个单词太长或太复杂，手里的字母牌不够用，这时可以把单词拆成一些小部分，比如把"unfriendly"拆成"un-""friend"和"-ly"，这样就能更灵活地利用手中有限的字母了。

这正是子词粒度分词方法的魅力所在。它保留了最基本的单词，同时将那些罕见或复杂的单词分解成更小、更有意义的片段。这样既可以缩小模型的词汇表，又能保持足够的灵活性来处理新词或复杂的词。

常用的子词粒度分词算法有以下三种。

（1）字节对编码（byte pair encoding，BPE）：这是一种统计算法，从最简单的文本开始，逐渐合并出现频率最高的字符对。比如，在处理大量英文文本时，BPE如果观察到"e"和"s"经常一起出现，就会将它们合并为一个新的单元。

（2）WordPiece：这种算法在BPE的基础上做了一些优化，它采用了一种更复杂的优化算法来选择最佳的分割方式。Google的BERT（bidirectional encoder representations from transformers）模型就是使用WordPiece进行分词的。

（3）SentencePiece：这种算法的特点是它可以直接从未分词的文本中学习子词，不需要预先进行分词处理。在中文处理过程中，这种方法非常有用。

3.1.2 嵌入

嵌入（embedding）可将字词转化成机器能够理解和处理的数字语言。如果让你用数字来表达"苹果""快乐"或者"跑步"等词，你可能会觉得这是一个不可能完成的任务，因为这些词背后蕴含着丰富的意义和情感，怎么可能用几个数字来描述呢？而这正是嵌入要做的事情，而且它做得非常出色。

在自然语言处理中，嵌入是一种技术，它可以将文本中的单词或短语转换成数值形式的向量。你可以将它想象成一种语言翻译，将人类的语言翻译成机器的语言。每个词被表示为一个包含多个数字的向量，这些数字捕捉了词的多种语义属性和使用上下文。

人类的语言非常复杂，单靠一些简单的标记或者直接编码是不足以捕捉其丰富的语义和语法的。更何况，像英文这样的语言包含成千上万个单词，如果试图为每个单词创建一个独立的标识符，那模型的效率和性能将会大打折扣。而嵌入可以帮助模型理解和处理语言。

嵌入包括以下几个步骤。

（1）随机初始化：最开始，每个单词的向量都是随机生成的。这就好比每个词都被赋予了一个暂时的"身份证"，尽管这些身份证最初并没有太多的意义。

（2）训练调整：经过机器学习模型的训练，这些向量会被不断调整。模型会在大量的文本数据中学习，尝试理解每个词在不同上下文中的含义。例如，在处理大量关于金融的文本后，模型会了解到"银行"作为金融机构的含义，并将这种信息编码到"银行"的向量中。

（3）上下文感知：在高级模型中，对单词进行嵌入操作，不仅仅要反映单词本身的含义，还要体现其在上下文中的含义。这意味着即使是同一个词，在不同的句子中也可能有不同的向量表示。

嵌入技术不仅仅用于理解单词的意义，还广泛应用于各种自然语言处理任务中，比如文本分类、情感分析、机器翻译等。大模型能够精确地捕捉到文本中的细微差别，做出准确的预测和分析。

3.1.3 位置编码

在阅读一篇文章或一部小说时，如果把所有的词语都随机打乱后再读，是不是像做噩梦一样？这是因为在句子中每个词的位置都承载着特殊的意义，这种顺序信息对于理解整个句子或段落非常重要。

基于 Transformer 架构的模型是不理解词语顺序的，为此一种巧妙的技术位置编码（positional encoding）被引入。它的目的是在不改变原有词义的基础上，给模型提供关于每个词在句子中的位置的额外信息。

位置编码的基本思想是在每个单词的嵌入向量中添加一些额外的信息，以告诉模型每个单词在文本序列中的具体位置。这样做的好处是帮助模型理解单词不是孤立存在的，它们有一定的顺序，而这个顺序对于理解整个句子的含义非常重要。

在 ChatGPT 和其他基于 Transformer 架构的模型中，位置编码通过将每个位置的索引编码为一个向量实现，这个向量会被加到对应单词的语义向量（semantic embedding）中。利用位置向量，模型不仅能明确每个词的意义，还能知道每个词在句子中的位置。这些位置向量通常是通过数学函数（如正弦函数和余弦函数）计算得出的，这些函数可以生成一个独特的位置向量序列。

"被告承认犯有盗窃罪"和"盗窃罪由被告承认"这两个句子包含相同的词语，但词语顺序不同导致两者的含义有所不同。在没有位置信息的情况下，一个仅基于词的意义进行处理的模型可能无法区分这两个句子的差异。而位置编码使模型能够识别出词语的排列顺序，从而更准确地理解句子的意图和语境。位置编码对于处理所有需要顺序信息的语言任务是非常关键的，比如在文档归档、法律文件分析、合同审核等场景中，理解词语的顺序关系可以帮助自动化系统准确地抓取和处理关键信息。

3.1.4 Transformer 块

Transformer 块（transformer block）主要由多头注意力机制和前向传播网络两部分组成。多头注意力机制，顾名思义，它强调注意力，就像在聚会中尽量多聆听周边人的讨论，从而理解这个会话的语境。比如"被告人未能证明其无罪，因此根据相关法律，应当承担相应的法律责任。"这句话中的"被告人""证明""无罪"和"法律责任"在文本中的位置相隔较远，但它们之间具有密切的逻辑关联。多头自注意力机制可以帮助模型理解这些词之间的复杂关系。一旦多头注意力机制提供了必要的信息，前向传播网络就开始"工作"了，它会对这些信息进行整理和加工，生成最后输出的语句。

Transformer 块是现代自然语言处理技术的核心功能，通过复杂的多头注意力机制和前向传播网络两个板块，使模型能理解单个单词，还能把握上下文的内容。

3.1.5 解码与生成

Transformer 块处理完文字之后，就需要输出文字了，即解码（decoding）和生成（generation）。输出文字的过程其实是对每个 Token 进行高维度表示。在这个过程里，大模型会计算一个概率分布来反映在上下文中每个词语接下来出现的可能性。比如对于句子"他慢慢的走向"，它后面出现的词语是"门"的概率会比"苹果""杯子"等高。

大模型会利用下面几个策略，来选择下一个词。第一，选择最高概率的词来快速生成连贯的文本。第二，采样选择，根据计算出的具体概率随机选择下一个词。第三，同时追踪多个可能的词语，并选择出最终的词语。

这个过程会重复进行，每次生成一个新词，直到模型生成一个特殊的结束符号来表示句子或文本的结束或者达到了用户设定的文本长度限制。

3.1.6 微调

常见的 AI 模型的最后一步工作是微调（fine-tuning）。任何文本的生成都离不开最后的润色和微调。

微调其实就是在特定类型的数据上进行额外的训练。比如想让 AI 进行法律咨询，我们首先为它提供大量的法律术语、法律条文、法律案例等来丰富它的法律数据库，然后训练它如何使用这些信息。

微调 AI 模型，实际上是在优化它的能力，让它在特定的领域变得更加出色。AI 通过微调可以更精准地理解和回应特定的场景和需求。在微调的过程中引入多元化的数据可减少原有模型中的偏见，让 AI 的回答更精准。以 DeepSeek 为例，尝试问一下它，它是如何进行微调的。

> **问：**
> 请解释下 DeepSeek 使用过程中的微调。
> **回答：**
> DeepSeek 是一种用于信息检索和自然语言处理（NLP）任务的深度学习模型，通常在搜索引擎、文本分析和其他语义理解任务中被广泛使用。在使用 DeepSeek 的过程中，微调（fine-tuning）是一个关键步骤，通常指在预训练模型的基础上，根据特

定的任务需求进一步训练模型。

微调的过程通常包括以下几个步骤。

（1）选择预训练模型

在 DeepSeek 中，通常会先使用一个已经在大规模语料上预训练的模型。这个预训练模型可以理解语言的基本结构和模式，但它可能并没有针对某个特定任务进行优化。

（2）准备任务相关数据

为了微调模型，需要准备一个特定任务的数据集。这个数据集应该包含与目标任务相关的输入输出对，例如：

分类任务：带标签的文本数据；

回归任务：数值预测任务的训练数据；

文本生成任务：包含源文本和目标文本的对齐数据等。

（3）设置微调目标

在微调的过程中，需要明确模型的训练目标。例如，为了提高搜索相关性、改进情感分析的准确性，或者在某个特定领域（如医学或法律）中优化文本理解能力。

（4）调整模型超参数

微调时，需要根据任务需求调整一些超参数，例如学习率、batch size（批大小）和训练周期等。通常，微调时学习率会设置得较小，因为模型已经学习到了一些基本的语言规律，仅需对特定任务进行微调。

（5）训练与验证

在这个步骤中，将准备好的数据集输入模型进行训练。在训练过程中，模型的权重会根据任务特定的数据进行调整。在训练过程中，还需要使用验证集来检查模型的性能，防止过拟合。

（6）评估与调整

微调后，需要对模型进行评估，通常使用测试集来检查其在特定任务上的表现。如果效果不理想，可以对模型超参数进一步调整，或者增加更多的训练数据。

（7）部署与应用

一旦微调的模型在任务上表现良好，就可以部署到实际应用中，例如搜索引擎中，帮助提升检索的相关性或进行更精确的文本分类。

微调是利用已经学到的知识，在特定的任务上做进一步学习和调整的过程，它是

第 3 章 AI 工作原理及常见模型

提升模型在实际应用中的表现的重要步骤。

DeepSeek 的回复和上文中的分析没有太大差别。

第 2 节　常见模型

近年来，随着数字经济的推动，AI 技术的发展势头越来越强劲，智能化应用场景已经越来越多地融入人们的生活。本节主要介绍一些常用的 AI 模型。

3.2.1　ChatGPT

ChatGPT 是由 OpenAI 开发的基于 Transformer 架构的语言模型，其功能主要是生成自然对话。其官方网站界面如图 3-2 所示。

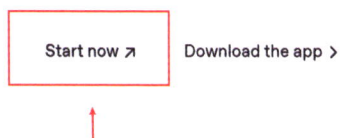

图 3-2　ChatGPT 的官方网站截图

点击图3-2左下角的"Start now"即可以跳转到ChatGPT的使用界面，如图3-3所示。

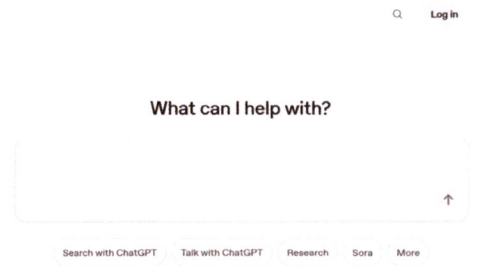

图3-3 ChatGPT的使用界面

在使用界面的右上方，点击"Log in"登录后，可以使用ChatGPT的高级功能。比如，可以使用如图3-4所示的各种ChatGPT模型，不同模型有不同的侧重点。需要注意的是，随着版本的更新，所展示的模型会有所不同。

图3-4 登录后可使用ChatGPT模型

第 3 章 AI 工作原理及常见模型

图 3-4 所介绍的模型为 ChatGPT 的 Plus 会员即付费用户可以使用的模型。当然还有 Pro 服务可供选择，具体的费用如图 3-5 所示。

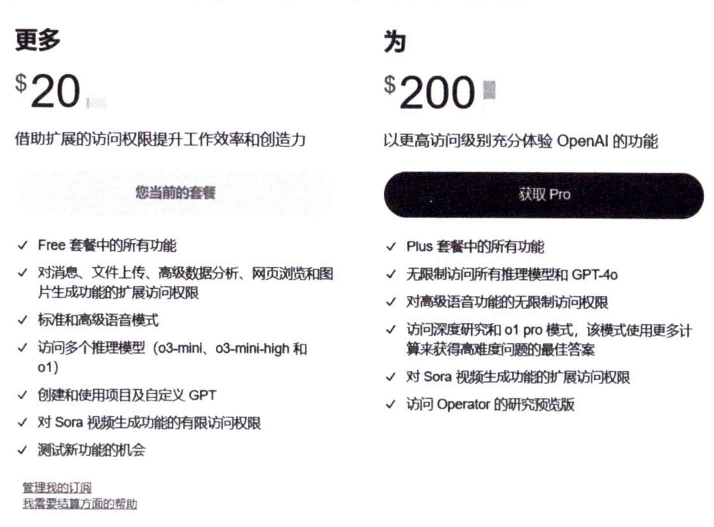

图 3-5　不同版本 ChatGPT 的收费明细

以《中华人民共和国民法典》第一千一百一十一条的内容为例，让 ChatGPT 为我们进行讲解。

> 问：
> 请你搜索并为我列出《中华人民共和国民法典》第一千一百一十一条的内容，并为我讲解。
> 答：①
> 《中华人民共和国民法典》第一千一百一十一条的内容如下：
> 第一千一百一十一条　夫妻一方未经另一方同意，不得处分共同财产，除非法律另有规定。

---

① 本对话使用的是 ChatGPT 4 模型，其他模型可能会有不同的答案。

解释与讲解：

这一条规定涉及夫妻共同财产的管理和处置问题。在婚姻关系中，夫妻共同财产是指婚姻存续期间，夫妻双方共同拥有的财产。

未经另一方同意，不得处分共同财产：夫妻一方在处分共同财产时，必须得到另一方的同意。处分财产包括买卖、赠与、抵押等行为。

除非法律另有规定：这是一个例外条款。如果法律有特别规定允许一方可以单独处置共同财产，那么不需要另一方同意。例如，夫妻一方在处理某些与家庭日常生活相关的事务时，可能有权单独决策。

这一条的目的在于保障夫妻共同财产的平等使用和安全，防止一方擅自做出可能影响家庭经济安全的决策。此外，它还体现了夫妻双方在财产管理上的对等地位，避免一方在没有征得另一方同意的情况下，单方面决定共同财产的使用或处分。

这种规定在一定程度上避免了婚姻中的财产纠纷，尤其是在夫妻离婚或发生财产争议时，能够为法院审理提供法律依据。

ChatGPT 并没有正确复述出《中华人民共和国民法典》的第一千一百一十一条的内容。因此，在使用 AI 模型进行法律条文解读时，需要自己判断正误。

接下来尝试使用 o1 模型来回答上述问题。

答：

《中华人民共和国民法典》第一千一百一十一条规定："自收养关系成立之日起，养父母与养子女间的权利义务关系，适用本法关于父母子女关系的规定；养子女与养父母的近亲属间的权利义务关系，适用本法关于子女与父母的近亲属关系的规定。"

解释：

该条文明确了收养关系成立后，养父母与养子女之间的权利和义务适用于《中华人民共和国民法典》关于父母与子女关系的相关规定。

此外，养子女与养父母的近亲属之间的权利和义务，适用于《中华人民共和国民法典》关于子女与父母的近亲属关系的相关规定。

这意味着，收养关系一旦成立，养父母与养子女之间的法律关系与生父母与子女之间的法律关系相同，享有相同的权利和承担相同的义务。

同时，养子女与养父母的近亲属（如祖父母、外祖父母等）之间的法律关系，也适用于子女与父母的近亲属关系的相关规定。

这确保了收养关系的法律效力，保障了养子女在法律上的地位和权益。

o1 对上述问题的解答是比较清楚和完善的，所以在日常使用中，我们可以根据实际情况决定利用哪个大模型来处理工作。

3.2.2 Copilot

Copilot 又被称为 New Bing 或者 Bing AI，它是微软推出的一种改进版的搜索引擎，整合了 OpenAI 的 GPT-4 技术，拥有高效的自然语言理解与生成技术。与传统搜索引擎不同，它不仅能呈现普通搜索结果，还能够处理用户的复杂提问，提供翔实和精确的回答。不同于 ChatGPT，Copilot 具备实时网络搜索功能，该功能使它在用户中广受欢迎。

打开"Microsoft Bing"的主页面，点击上方的"Copilot"即可进入 Copilot，如图 3-6 所示。

图 3-6　Microsoft Bing 中进入 Copilot 的入口

点击"Copilot"之后会先跳转到其登录界面，如图 3-7。点击右上角的"Sign in"即可登录 Copilot。

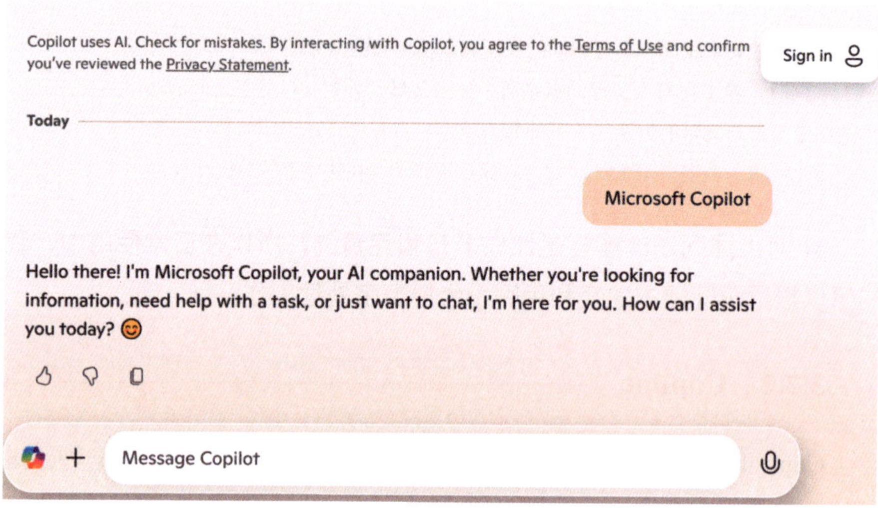

图 3-7　未登录的 Copilot 界面

登录成功后可以发现在 Copilot 聊天界面右侧有一个"Think Deeper"按钮，其意思为"深入思考"，如图 3-8 所示。

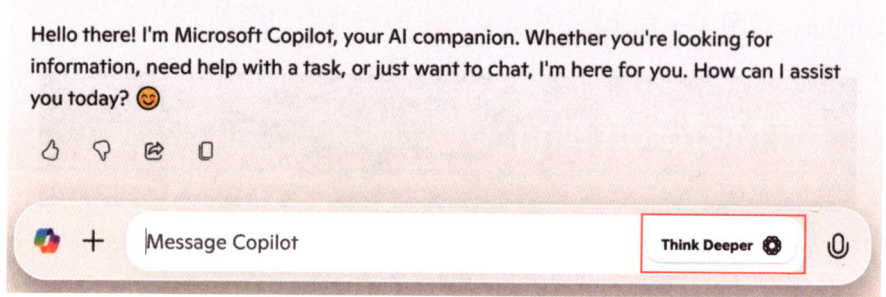

图 3-8　登录后的 Copilot 界面

点击"Think Deeper"会弹出如图 3-9 所示的介绍 Think Deeper 的界面。

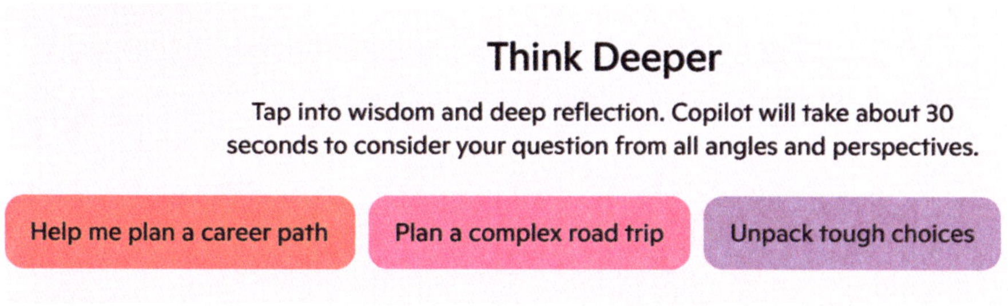

第 3 章 AI 工作原理及常见模型

图 3-9 Think Deeper 的介绍界面

我们仍询问 Copilot《中华人民共和国民法典》第一千一百一十一条的内容，看看 Copilot 给出的答案如何。

答：

《中华人民共和国民法典》第一千一百一十一条主要规定了夫妻共同财产在离婚时的分割原则和处理方式，旨在保障夫妻双方的合法权益，维护家庭财产关系的公平公正。

（1）主要内容概述：

在夫妻关系存续期间，夫妻双方共同取得的财产被视为夫妻共同财产。第一千一百一十一条规定，夫妻离婚时，双方的共同财产应当依法予以分割。分割时应遵循以下原则。

男女平等原则：财产分割应当体现男女平等的精神，双方在权利和义务上享有同等的地位。

照顾子女和女方权益：在分割财产时，应当适当考虑对子女抚养、教育的需要，以及对女方的照顾，体现对弱势方的保护。

协商优先原则：夫妻双方应当首先通过协商的方式就财产分割达成一致；协商不成的，可以请求人民法院依法判决。

（2）特殊情形处理：

如果一方在婚姻关系存续期间有以下行为：

隐藏、转移、变卖、毁损夫妻共同财产。

伪造债务，企图侵占另一方财产。

对于上述不诚信或侵权行为，法律规定在分割夫妻共同财产时，可以对过错方少分或不分，从而惩戒其不当行为，保护无过错方的合法权益。

3.2.3 文心一言

文心一言是百度公司推出的 AI 产品，在"文心大模型"主页的产品中心中选择"文心一言"即可访问文心一言，如图 3-10 所示。

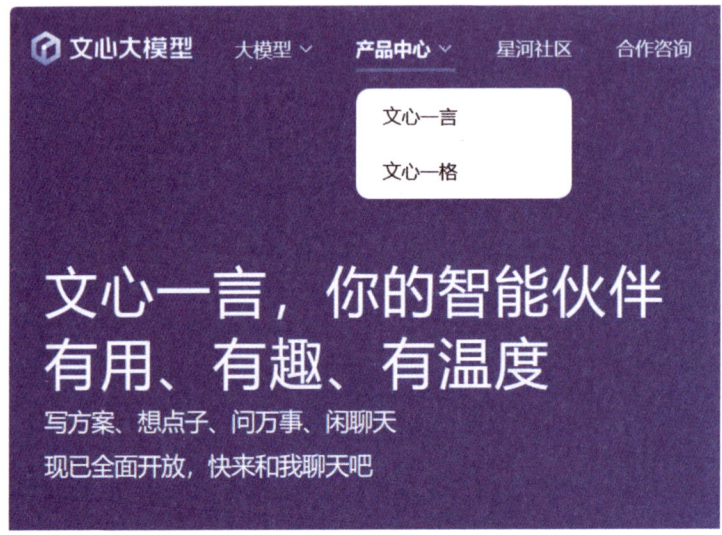

图 3-10 文心大模型的产品中心界面

输入手机号码和验证码登录后，即可跳转到文心一言的主页面。界面左侧为工具栏，如图 3-11 所示，在其中可以选择相应的功能，中间为搜索历史记录。

第 3 章　AI 工作原理及常见模型

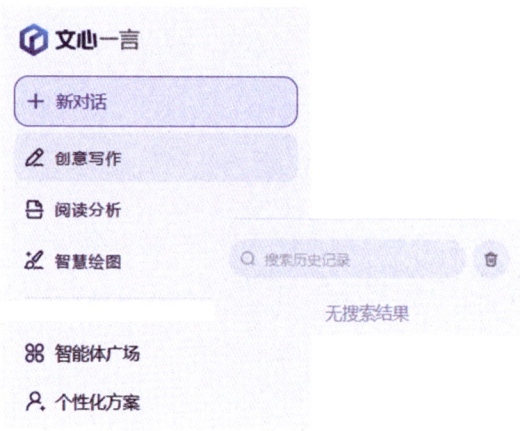

图 3-11　文心一言左侧的工具栏

工具栏的下方是智能体广场，可以在其中选择已经创建好的智能体，如图 3-12 所示，也可以自己创建个性化方案，如图 3-13 所示，如输入在某个场景下经常使用的指令、具体的任务要求、使用习惯或者偏好等内容。

图 3-12　智能体广场

45

创建个性化方案

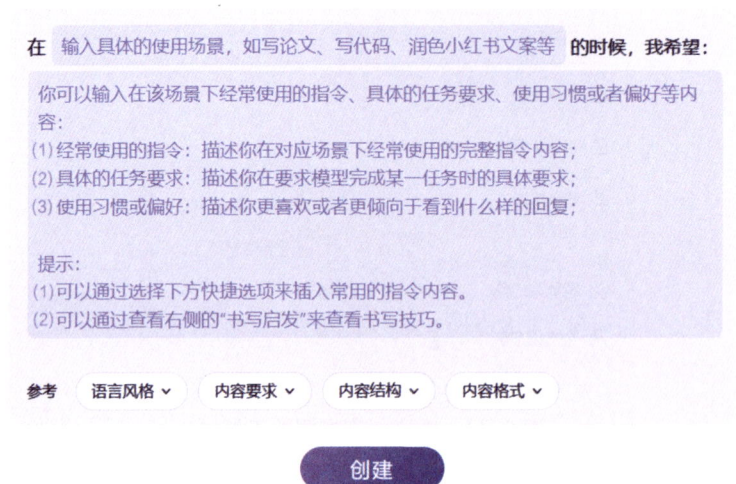

图 3-13 创建个性化方案

右侧为文心一言的聊天界面，我们可以在文字输入框上方选择相应的功能，如创意写作、阅读分析、智慧绘图、多语种翻译等功能，也可以点击"我的指令"直接创建自己的指令，如图 3-14 所示。

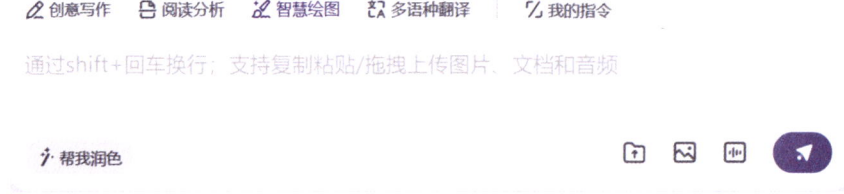

图 3-14 文心一言右侧的文字输入框

文心大模型现阶段有多个版本，如图 3-15 所示，2025 年 4 月 1 日后全面免费使用。

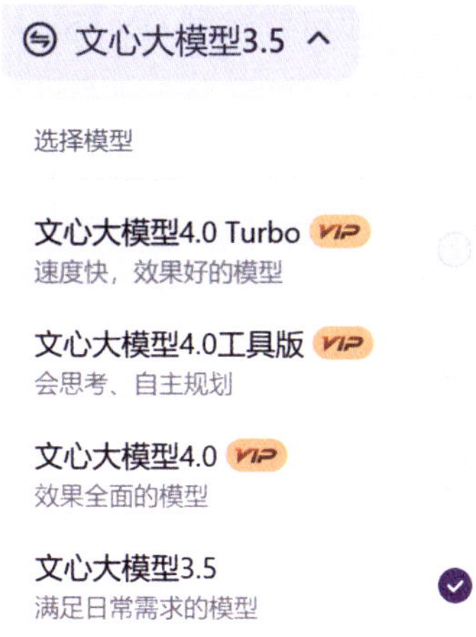

图 3-15　文心大模型

3.2.4　DeepSeek

DeepSeek 是一种基于深度学习和数据挖掘技术的智能搜索与分析系统，其核心在于通过深度学习模型和自然语言处理技术，理解数据的语义并提供精准的决策支持。其主页面如图 3-16 所示。

图 3-16　DeepSeek 主页面

点击左侧的"开始对话"即可跳转到 DeepSeek 登录页面，如图 3-17 所示。

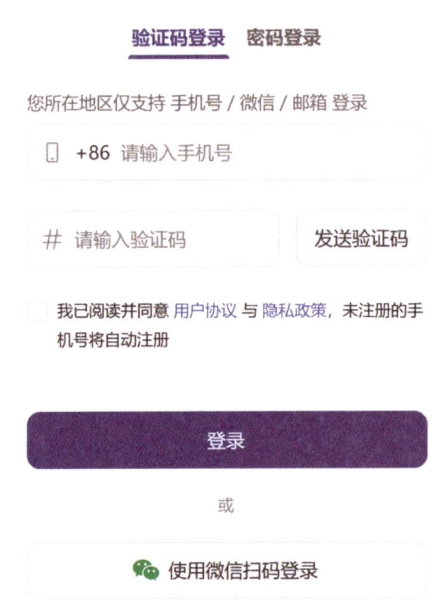

图 3-17 DeepSeek 登录界面

输入手机号和验证码，或者使用微信扫码即可登录。DeepSeek 的聊天对话界面如图 3-18 所示。

第 3 章 AI 工作原理及常见模型

图 3-18 DeepSeek 的聊天界面

DeepSeek 的核心功能为联网搜索和深度思考。巧妙运用这两个功能，可以让工作效率翻倍。

1. 联网搜索

想要第一时间了解最新的新闻资讯或者验证某个信息的准确性，联网搜索就可以派上用场了，它可以实时连接互联网，迅速搜索到相关的信息。仍以前文问题为例，选中联网搜索功能，让 DeepSeek 搜索《中华人民共和国民法典》第一千一百一十一条的内容，如图 3-19 所示。

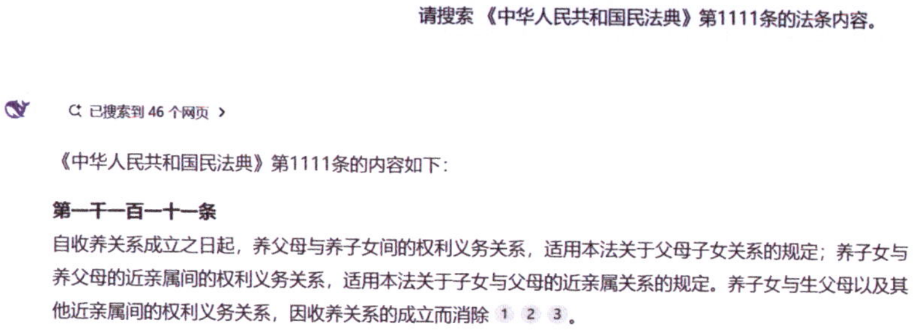

图 3-19 DeepSeek 的联网搜索功能

DeepSeek 给出了《中华人民共和国民法典》第一千一百一十一条的完整内容，且在文后标注了 1、2、3 角标，点击任一角标即可跳转到相关网页查看原文内容，如图 3-20 所示。

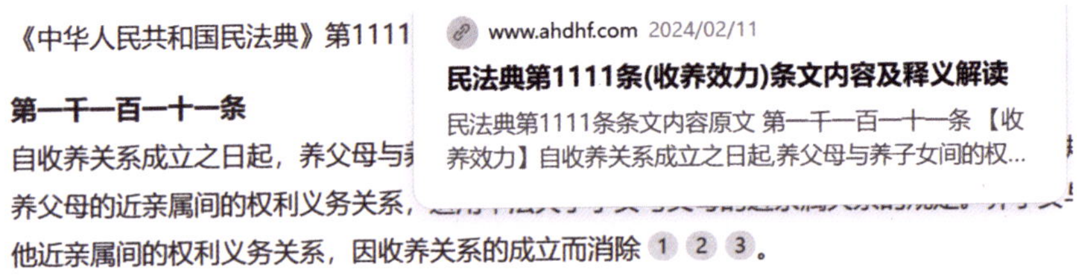

图 3-20　DeepSeek 联网搜索出的网页链接

2. 深度思考

当人们面对复杂的数学难题、撰写专业性文章、编写代码时，DeepSeek 的深度思考功能可以作为神助攻。

DeepSeek 的深度思考功能基于 DeepSeek-R1 实现，运用了强化机制和思维链技术，把所有复杂的问题拆分成一个个小的步骤，引导人们找到答案。需要注意，使用这个功能时，要提供尽量详细、准确的问题，提供更多的背景信息，这样它才能精准地理解人们的需求，给出精准的答案。同样以《中华人民共和国民法典》第一千一百一十一条的内容为例，选中深度思考功能，让 DeepSeek 深度解读这一法律条文。

> **问：**
> 请你对《中华人民共和国民法典》第一千一百一十一条的内容进行深度解读。
> **答：**
> 思考中……
> 用户之前已经让我查过《中华人民共和国民法典》第一千一百一十一条的内容，

还给出了法律条文的解读。现在他要求深度解读,我需要进一步分析他的需求。用户可能是法律专业的学生,或者正在处理收养相关的法律问题,需要更详细的理解。

首先,用户可能希望了解该法律条文背后的法律原则,比如拟制血亲和解销效力。其次,他可能想知道实际应用中的问题,比如养子女与生父母的关系是否完全断绝,继承权如何处理。另外,可能涉及国际收养或特殊情况,比如生父母反悔怎么办。

我需要确保解读涵盖法理基础、结构分析、实务要点和争议点。还要考虑用户可能的深层需求,比如养子女成年后是否还能继承生父母的财产?收养关系解除后的法律后果是什么?

还要注意法律条文的社会意义,比如保护儿童权益,防止非法收养。可能需要比较国内外的收养制度差异,或者引用相关司法解释。确保内容条理清晰,重点突出,帮助用户全面理解法律条文的应用和影响。

上述内容展示了 DeepSeek 的深度思考过程,下面是 DeepSeek 对法律条文的深度解读。

以下是针对《中华人民共和国民法典》第一千一百一十一条内容的深度解读,从法理基础、法律结构、实务要点及争议焦点等方面展开分析。

(1)法律条文的核心逻辑

第一千一百一十一条确立了收养关系的双重法律效力。

拟制效力(创设新法律关系):

在养父母与养子女之间建立"拟制血亲关系",权利义务与自然血亲完全相同(包括抚养、赡养、继承权等)。

延伸至养父母的近亲属(如养祖父母与养孙子女之间形成隔代亲属关系)。

解销效力(终止原法律关系):

养子女与生父母及其近亲属间的权利义务关系自动终止,法律上不再具有父母子女关系。

(2)法理基础与立法价值

儿童利益最大化原则:

通过法律拟制确保被收养人获得稳定的家庭环境,优先保障未成年人的生存权、发展权(呼应《中华人民共和国未成年人保护法》)。

切断与原家庭的法律联系，避免因原生家庭问题（如父母失职）影响儿童成长。

身份关系法定主义：

收养关系必须通过法定程序（民政登记或法院判决）成立，排除事实收养的效力，防止非法行为（如买卖儿童）。

权利义务对等性：

养父母承担抚养义务的同时，享有要求赡养的权利；养子女成年后需履行赡养义务，避免"只享权利不尽义务"的失衡。

（3）实务适用中的关键问题

权利义务的边界：

继承权：养子女可继承养父母的遗产，但不再继承生父母的遗产（除非生父母遗嘱特别指定）。

例外：若收养关系解除，成年子女对养父母尽过主要赡养义务的，仍可适当分得遗产（《民法典继承编司法解释》第12条）。

赡养义务：若养父母虐待养子女导致关系恶化，养子女可主张减轻或免除赡养义务（类推适用《中华人民共和国民法典》第一千零六十七条）。

与生父母的关系：

情感联系不禁止：法律仅解除权利义务关系，不禁止养子女与生父母自愿保持情感联系或经济帮助。

特殊情况下的义务复活：若收养关系被依法解除，未成年养子女与生父母的权利义务可自动恢复（需法院判决或协商一致）。

涉外收养的特殊性：

国际收养效力：外国人在华收养子女需符合《跨国收养方面保护儿童及合作公约》及中国法律，收养成立后同样适用第一千一百一十一条。

双重国籍问题：若养子女取得外国国籍，其与养父母的权利义务仍受中国法律约束（以收养关系成立地为准）。

（4）争议焦点与司法实践

成年养子女能否与生父母恢复法律关系？

现行法空白：法律未明确规定成年养子女解除收养后是否自动恢复与生父母的关系。司法实践中需通过生父母与子女共同申请确认。

"事实收养"的效力认定：

未办理登记的长期共同生活关系（如民间"过继"）不构成法律收养，但可能被认定为抚养关系,产生部分权利义务(如赡养义务)。

代孕子女的收养问题:

代孕所生子女若被收养,需严格适用第一千一百一十一条,但生母身份认定可能引发争议(需结合遗传关系与分娩事实综合判断)。

(5)社会意义与制度完善建议

防止"借收养之名行剥削之实":

强化民政部门对收养人的资格审查(如经济能力、犯罪记录),落实《中华人民共和国民法典》第一千零九十八条收养条件。

关注被收养人知情权:

部分国家规定被收养人成年后可查询生父母信息,中国目前未明确,未来立法可借鉴(需平衡隐私权与知情权)。

完善收养关系解除机制:

细化收养关系解除后的财产清算规则(如养父母为抚养支出的费用能否要求补偿)。

DeepSeek 对《中华人民共和国民法典》第一千一百一十一条进行了详细解读。在实际使用中,我们可以针对不同的情况,选择模型的不同功能。

第 4 章
AI 提示词的用法

我们首先要弄清楚，什么是提示词。

提示词的英文表达是 prompt，它是一种引导用户或者系统执行特定任务，提供特定信息的文本或者语音输入。

提示词在语言学习和人机交互中都有很大的用处。简单地说，提示词就是帮助我们想起或掌握某些词汇或信息的小助手。在语言学习中，当我们学习一个新词时，提示词就像小贴士，提醒我们这个词怎么用，怎么搭配，帮助我们更好地记住和使用这个词。学语法也是一样，提示词会引导我们回忆语法规则，提升我们对新的时态或者语法点的熟悉程度。

在人机交互中，比如我们使用语音助手的时候，提示词会引导我们说出具体的指令，以便语音助手更好地理解我们的需求并帮助我们完成任务。在智能客服系统中，提示词会引导我们详细描述问题，从而让客服机器人精准地解决问题。

第1节 常规模型的提示词[①]

对于 ChatGPT、Copilot 以及文心一言等大模型，提示词的用法基本一致。

4.1.1 为 AI 提供明确指令

在使用 AI 的过程中，法律工作者要为 AI 提供明确的指令。下面列举一些常见的指令，如表 4-1 所示。

表 4-1 法律工作者常用的指令

指令类型	指令举例
撰写	帮我撰写一份……
归纳	帮我归纳一下下面文本中的……
翻译	帮我将下面的内容翻译为英文/日文……
问答	请你解释一下……是什么意思？
提取	请提取下面文本中的……
检索	请检索出下面文本中的关键信息……
分析	帮我分析下面起诉书中的关键内容……
……	……

可以在这些指令后面附加上"简单回答""专业回答"等要求，也可以要求 AI 按我们提供的格式给出答案等。只有向 AI 模型提供明确的指令，它才能给出我们想要的答案。下面列出一些撰写指令的技巧，供法

[①] 本节所使用的大模型为文心一言，具体答案会因模型版本不同而有所不同。

律工作者参考。

1. 提供详细信息

所撰写的指令要包含全部重要的信息和细节,不要让 AI 猜测我们想要什么。比如,要求 AI 以法律工作者的身份写一份律师函,分别给出简单提示词和详细提示词,比较 AI 的回答内容。

询问 AI 时提供简单提示词,其回答如下。

> 问:
> 帮我撰写一份律师函。
>
> 答:
> 尊敬的收件人,
> 我们是(您所代表的法律团队/公司)的法律代表,特此致函。
> 我们代表(您的客户/公司)就以下事项向您提出正式投诉,并要求您立即采取必要的措施解决该问题。
> 根据相关法律法规,我们要求您在收到本函后的(指定期限)内,提供书面回复,解释您对此事的立场,并且采取必要的措施解决我们提出的问题。如果您未能在指定期限内做出回应,我们将不得不考虑采取进一步的法律行动,以保护我们客户的合法权益。
> 请注意,本函件仅用于和解和法律通知之目的,并非构成法律意见或法律建议。如果您需要法律咨询,请立即联系合适的法律专业人士。
> 我们希望能够就此事达成和解,避免进一步的法律纠纷。期待您的积极回复。
> 谢谢。
> (您的姓名)
> (您所代表的法律团队/公司名称)
> (联系方式)

这份律师函过于简单,可能并不是我们想要的答案。为了得到更好的答案,可以优化提示词以提供详尽的信息,让 AI 更懂我们的要求。比如,在提示词中增加以下信息。

第4章 AI 提示词的用法

> 律师函的主要目的是什么？（例如，要求停止侵权行为、催款、解决合同纠纷等）
> 相关的基本事实和背景信息是什么？
> 函件的接收方是个人还是公司？
> 您希望包含在函件中的特定要求或期限是什么？

根据上面的提示，进一步优化提示词。基于详细提示词的问答过程如下。

问：
帮我撰写一份律师函，包括以下内容：
本律师函的目的是催款。
张三贷款微贷 5 万元，2024 年 6 月 × 日为最后还款日期，现合计本息 51200 元。现要求收到律师函的 10 日内，交付全额本息。

答：
[贵公司或律所名称]

[地址]

[城市，省]

[邮政编码]

[电话]

[邮箱]

[日期]

张三

[张三的地址]

[城市，省]

[邮政编码]

尊敬的张三先生/女士：

主题：关于逾期贷款的催款通知

我们律所代表[债权人名称或公司名称]，就您与我方客户之间的贷款协议发出本正式催款通知。根据该协议，您于[协议签订日期]从我方客户处借款人民币五万元（￥50000）。按照协议规定，该笔贷款的本息应于2024年6月×日前全额偿还，届时累计总额为人民币五万一千二百元（￥51200）。

截至目前，我们尚未收到您对上述贷款的任何偿还，现该笔款项已逾期。依据贷款协议及相关法律规定，您现已违反了还款义务，因此必须承担相应的法律责任。

根据贷款协议中的规定，逾期还款将产生追加的利息和可能的罚金，具体将基于协议条款进行计算。为避免对您的信用记录造成不利影响，并防止进一步的法律后果（包括但不限于诉讼费用和律师费），我们在此郑重通知您：

请您务必在收到本律师函之日起十日内，向下列账户全额偿还上述款项（包括可能产生的逾期利息和罚金）：

银行名称：[银行名称]
账户名：[债权人名称或公司名称]
账号：[0000 0000 0000 0000]

如您未在规定时间内清偿债务，我方将不得不采取包括但不限于提交法院诉讼的措施，以维护我方客户的合法权益。所有由此产生的额外费用将由您承担。

为避免法律诉讼带来的不便和额外费用，请您高度重视此事并尽快处理。如您对本函内容有任何疑问，或需讨论还款事宜，请您不迟于[具体日期]前联系本律所。

谢谢您的合作。

此致，
敬礼！

[律师名字]
[律师职称]
[律所名称]
[联系电话]
[电子邮箱]

确保在发送之前由合格的法律专业人员审核并修改，以确保其符合当前的法律框架和实际情况。

提示词中明确了律师函的目的、贷款金额、还款日期等相关信息，因此 AI 生成了一份较准确的律师函。

2. 让 AI 扮演角色

每个人的说话方式不同，AI 对其语言的理解程度也会不同。可以为 AI 设定一个特定的身份，让它用符合这个特定身份的语言，完成我们的任务。

法律工作者在使用 AI 时基本都要用到"扮演角色"这一方式。因为法律文本生成具有严谨性和专业性，如果不为 AI 赋予特定的角色，它的回答很可能会偏离主题。比如，请 AI 对个人劳务关系中受伤责任承担问题进行解释。

> **问：**
> 请解释一下关于个人劳务关系中受伤责任的承担问题。
> **答：**
> 在个人劳务关系中，受伤责任由雇主承担，根据劳动法及相关法规，雇主有责任提供安全的工作环境，并采取必要措施保障员工的安全与健康。员工在工作过程中如受伤，雇主应负责赔偿医疗费用及可能产生的其他损失。

没有为 AI 赋予特定的角色时，其解释非常随意，上述答案明显不能在法律场所使用。当赋予 AI 律师角色时，其解释如下。

> **问：**
> 假设你是一名中华人民共和国的律师，请以法学相关知识解释一下关于个人劳务关系中受伤责任的承担问题。
> **答：**
> 在中华人民共和国的法律体系中，关于个人劳务关系中受伤责任的承担问题，主要依据《中华人民共和国劳动法》（后文简称《劳动法》）、《工伤保险条例》以及

相关的司法解释进行规定。以下是关于这一问题的详细法律分析。

（1）劳动合同关系中的受伤责任

根据《劳动法》，用人单位必须为劳动者提供符合安全生产条件的工作环境及必要的劳动保护用品。如果劳动者在工作时间及工作场所内因工作原因受到伤害，用人单位应承担相应的责任。

此外，如果受伤事故是因用人单位违反劳动保护法规、安全生产规定或者未提供安全的工作条件导致的，用人单位应当承担主要责任。

（2）工伤认定与责任承担

根据《工伤保险条例》，劳动者在工作时间和工作场所内，因工作原因受到事故伤害的，应当被认定为工伤。

一旦发生工伤，用人单位必须按照国家规定的程序和标准为劳动者提供治疗，并负担因治疗产生的费用，包括但不限于医疗费、康复费、误工费等。

用人单位还需向劳动者支付工伤保险待遇，包括一次性伤残补助金、伤残津贴等。

（3）责任划分与免责条件

如果劳动者故意造成自身伤害，或者因严重违反规章制度或安全操作规程导致伤害，用人单位可以根据情况减轻或免除责任。

法律同样规定，劳动者在非工作时间或非工作场所发生的伤害，通常不属于工伤，除非能证明与工作有直接关系。

（4）法律程序

劳动者或其代表应当在事故发生后及时通知用人单位，并且按照规定向有关劳动保障部门报告工伤事故。

工伤认定程序应由劳动保障部门负责，确保双方权益的合理保护。

综上所述，个人劳务关系中受伤责任的承担涉及对劳动者的保护与用人单位责任的明确划分，确保受伤劳动者得到合理的救治和赔偿，同时明确用人单位的安全生产责任。

扮演角色的常用提示词为"假设你是一位××（职位、职业等），请你从××专业角度，分析（解答）下面的问题。"

3. 使用符号处理复杂任务

使用符号可以提高 AI 对问题的理解能力，比如合理使用引号（""），可以让 AI 更快速准确地理解我们需要了解引号中内容的具体含义；合理使用中括号（[]），可以让 AI 更准确地补充中括号中的信息；合理使用井号（#），可以让 AI 更清楚地了解这部分是重点问题；合理使用分割线（-------），可以让 AI 快速区分不同的信息源和步骤。

在日常使用中，我们可以用不同的符号来做区分，让 AI 完成复杂的任务。下面列举一个例子。

问：
你是一位法律专业人员，正在处理一起机动车交通事故责任纠纷案件，我给你一段文字，请你将其中所涉及的各个费用项目的名称及对应的金额按顺序列出，注意只需要列出各项费用的总金额。

———————

以下是我给你的文字内容。

"原告孙某因交通事故产生的损失计算如下。
（1）医疗费
Y 医院门诊票据 5 张，合计金额 1357 元；住院结算票据 1 张，金额 22897.50 元。
Y 医疗器械有限公司购买骨科固定材料发票 1 张，金额 2400 元；
Y 中医医院门诊票据 3 张，合计金额 175.50 元；住院结算票据 2 张，合计金额 21555.60 元。
（2）护理费
原告孙某住院 125 天，经鉴定护理期为 125 天，原告孙某住院期间经被告黄某和某公司代理人联系，由黄某聘请护理人员护理 120 天，支付护理费 25000 元。
孙某家人护理 5 天，每天按 2019 年湖北省私营单位居民服务、修理和其他服务业平均工资 38500 元 ÷365 天 =105.5 元计算较妥，即 5 天 ×105.5 元 / 天 =527.5 元，以上合计 25527.5 元，予以认定。

（3）住院伙食补助费
原告诉请 125 天 ×35 元/天 =4375 元，符合法律规定，本院予以认定。
（4）营养费
孙某住院 125 天，按每天 35 元计算，即 125 天 ×35 元/天 =4375 元，予以认定。
（5）残疾赔偿金
原告诉请 2019 年湖北省城镇居民人均可支配收入 37500 元 ×6 年 ×12% =27000 元，符合法律规定，予以认定。
（6）残疾辅助器具费
原告购买电动轮椅发票 1 张，金额为 1110 元，被告认可，予以认定。
（7）精神损害抚慰金
根据交通事故责任认定及伤残等级酌情考虑 5500 元，予以认定。
（8）鉴定费
鉴定交通费 1000 元，某司法鉴定中心收费 2000 元，合计 3000 元，予以认定。

答：

在所提供的文本中，关于机动车交通事故责任纠纷案件的费用项目名称及其对应的总金额列举如下：

医疗费：合计金额为 48385.6 元；

护理费：合计金额为 25527.5 元；

住院伙食补助费：金额为 4375 元；

营养费：金额为 4375 元；

残疾赔偿金：金额为 27000 元；

残疾辅助器具费：金额为 1110 元；

精神损害抚慰金：金额为 5500 元；

鉴定费：合计金额为 3000 元。

  上面示例中的文字很多，处理起来非常麻烦，如果直接罗列我们的需求，AI 可能在理解上会有偏差。而利用各种符号，AI 可以更准确地理解我们的意图，给予精确的回复。

第4章 AI 提示词的用法

4. 精准告知 AI 需要几步

面对复杂的任务时,可以将任务分解成几个步骤,让 AI 按照步骤一步一步完成。

比如,给出一段文本,要求提炼这段文本的摘要,并把摘要翻译成英文。这是一个复杂的任务,可以把这个任务分解成多个步骤,如表4-2 所示。

表 4-2 把复杂任务分解为多个步骤

系统	请按照以下步骤回应用户的输入。 第 1 步: 用户会给你提供带有三重引号的文本。请将这段文本总结为一句话,并以"摘要:"作为前缀。 第 2 步: 将第 1 步中的摘要翻译成英语,并以"翻译:"作为前缀。 第 3 步: 请在右下写上落款——"译者:张三"
用户	"""输入的具体文本"""
文本	随着《中华人民共和国民法典》的正式施行,我国民事法律步入法典化时代。在大陆法系国家,民法法典化是实现法律体系化、安定性的具体表现形式,有助于减少和防止整个法典价值观念之间的矛盾,消弭原有民事法律的冲突,将各项法律制度整合成一个有机整体,从而建立起内在和谐统一的民事法律规范体系。法典化之成果表征为民法外部体系初步形成,而对司法工作者来说,运用系统科学的法律解释方法,是准确理解适用民法典的重要前提。

让 AI 按表格所示步骤完成这一任务。

问：
系统：请按照以下步骤回应用户的输入。
第1步：
用户会给你提供带有三重引号的文本。请将这段文本总结为一句话，并以"摘要："作为前缀。
第2步：将第1步中的摘要翻译成英语，并以"翻译："作为前缀。
第3步：请在右下写上落款——"译者：张三"
用户：""＂输入的具体文本＂""
文本：随着《中华人民共和国民法典》的正式施行，我国民事法律步入法典化时代。在大陆法系国家，民法法典化是实现法律体系化、安定性的具体表现形式，有助于减少和防止整个法典价值观念之间的矛盾，消弭原有民事法律的冲突，将各项法律制度整合成一个有机整体，从而建立起内在和谐统一的民事法律规范体系。法典化之成果表征为民法外部体系初步形成，而对司法工作者来说，运用系统科学的法律解释方法，是准确理解适用民法典的重要前提。

答：
摘要：《中华人民共和国民法典》的施行使我国民事法律实现法典化，有助于解决法律冲突和整合法律制度，形成统一的民事法律规范体系，对司法工作者来说，采用科学的法律解释方法是理解和适用民法典的重要基础。

翻译：With the implementation of the Civil Code, China's civil law has been codified, helping to resolve legal conflicts and integrate legal systems into a unified civil legal framework. For judicial practitioners, using scientific methods of legal interpretation is crucial for accurately understanding and applying the Civil Code.

译者：张三

从上面的内容，可以看出 AI 通过三步完成了该任务。第一步写出摘要，第二步将摘要翻译成英语，第三步写上落款。AI 最终的答案是完全符合要求的。

第4章 AI 提示词的用法

5. 给 AI 提供例子

有时候，我们可以为 AI 提供一个具体的例子，让它自己进行对比学习。这个过程好比解答一道数学推理题：定义一个新符号"≈"，如果 1≈5，2≈10，3≈15，4≈20，那么 5≈ 多少？这其实叫作"参照学习"。以一个常见的民事判决书为例。如果没有提供具体的例子，AI 是否能归纳出符合要求的内容？

> **问：**
> 请归纳出下面判决书的重点内容
> （1）被告中国某某财产保险股份有限公司支公司于判决生效之日起十日内偿还原告张某各项损失共计 23317.17 元；
> （2）李某不再承担赔偿责任；
> （3）驳回原告张某其他诉讼请求。
> 案件受理费 263 元，由被告中国某某财产保险股份有限公司支公司负担。
>
> **答：**
> 判决书的重点内容如下：
> （1）要求被告中国某某财产保险股份有限公司支公司在判决生效后的十日内支付原告张某共计 23317.17 元的损失；
> （2）免除李某对赔偿责任的承担；
> （3）驳回原告张某的其他诉讼请求；
> （4）被告中国某某财产保险股份有限公司支公司需负担案件受理费 263 元。

AI 并没有归纳出判决书的核心内容，几乎把这个判决书照写了一遍，没有归纳也没有总结。我们接下来为 AI 提供一个例子，让它学习一遍，再生成答案。

问：

（1）请归纳出下面判决书的重点内容

被告中国某某财产保险股份有限公司支公司于判决生效之日起十日内偿还原告张某各项损失共计23317.17元；

李某不再承担赔偿责任；

驳回原告张某其他诉讼请求。

案件受理费263元，由被告中国某某财产保险股份有限公司支公司负担。

回复：被告赔偿23317.17元，支付263元，驳回其他。

（2）请归纳出下面判决书的重点内容

被告李某于判决生效之日起十日内偿还原告张某各项损失共计12422.1元；

张某不再承担赔偿责任；

驳回原告张某其他诉讼请求。

案件受理费126元，由被告李某负担。

回复：被告赔偿12422.1元，支付126元，驳回其他。

（3）请归纳出下面判决书的重点内容

被告李某于判决生效之日起十日内偿还原告张某各项损失共计5232元；

张某不再承担赔偿责任；

驳回原告张某其他诉讼请求。

案件受理费188元，由被告李某负担。

回复：

答：

被告赔偿5232元，支付188元，驳回其他。

通过学习示例，AI明白了我们需要什么类型的答案，并根据示例撰写出符合要求的答案。

6. 告诉 AI 需要的篇幅

如果不告诉 AI 所生成内容的具体字数，它最终生成的答案可能会不符合我们的要求，比如下面这个示例。

> **问：**
> 请为下面的 ""中的文字，生成一句话的摘要。
> "随着《中华人民共和国民法典》的正式施行，我国民事法律步入法典化时代。在大陆法系国家，民法法典化是实现法律体系化、安定性的具体表现形式，有助于减少和防止整个法典价值观念之间的矛盾，消弭原有民事法律的冲突，将各项法律制度整合成一个有机整体，从而建立起内在和谐统一的民事法律规范体系。法典化之成果表征为民法外部体系初步形成，而对司法工作者来说，运用系统科学的法律解释方法，是准确理解适用民法典的重要前提。"
>
> **答：**
> 摘要：《中华人民共和国民法典》的施行使我国民事法律实现法典化，有助于解决法律冲突和整合法律制度，形成统一的民事法律规范体系，对司法工作者来说，采用科学的法律解释方法是理解和适用民法典的重要基础。

摘要应当简练，而 AI 给出的摘要并不简练。我们可以告诉 AI 生成指定长度的答案。需要注意的是，让 AI 精确生成特定字数的文本是不太现实的，它没有办法给出确定的比如 30 个字或者 40 个字的回复，但是它可以按照我们的要求生成大致字数的文本。比如上面那个示例，如果我们限制生成摘要的字数，AI 生成的答案可能会满足我们的要求。

> **问：**
> 请为下面的 ""中的文字，生成约 20 个字的摘要。
> "随着《中华人民共和国民法典》的正式施行，我国民事法律步入法典化时代。在大陆法系国家，民法法典化是实现法律体系化、安定性的具体表现形式，有助于减少和防止整个法典价值观念之间的矛盾，消弭原有民事法律的冲突，将各项法律制度

整合成一个有机整体，从而建立起内在和谐统一的民事法律规范体系。法典化之成果表征为民法外部体系初步形成，而对司法工作者来说，运用系统科学的法律解释方法，是准确理解适用民法典的重要前提。"

AI：

摘要：《中华人民共和国民法典》的施行标志着我国民事法律步入法典化，促进了法律体系统一与司法准确性。

4.1.2 为 AI 提供参考文本

我们可以用武侠小说中的场景来打个比方。比如在《笑傲江湖》中，令狐冲最初是打不过五岳剑派中的很多人的。后来令狐冲意外闯入思过崖，看到魔教长老死前在石壁上刻下的五岳剑派的所有剑法和破解招式之后，窥视到了所有克制五岳剑派的高深剑法。

在这个比方中，令狐冲就是 AI，而思过崖上的武功秘籍就是提供给 AI 的参考文本。给 AI 提供参考文本，就是让它获取一些额外的信息或者文本，以帮助它更好地回答我们的问题。

1. 提供具体文本内容

常见的问题就是分析法律条文废止时间，比如下面这个示例。

问：

请你结合下面引号中的文本内容分析《中华人民共和国劳动保险条例》的废止时间。

文本："最新公告显示，国务院发布了一项重要决定，决定废止了包括《中华人民共和国劳动保险条例》在内的 13 部行政法规，并自 2024 年 5 月 1 日起生效。

《中华人民共和国劳动保险条例》是我国建立的最早社会保障制度之一，原政务院于 1951 年颁布并实施。然而，随着时代的变迁，《中华人民共和国劳动保险条例》的规定逐渐被其他法律法规所替代，包括《中华人民共和国社会保险法》《工伤保险

第 4 章 AI 提示词的用法

> 条例》《女职工劳动保护特别规定》等。因此，废止《中华人民共和国劳动保险条例》已成为不可避免的趋势。
>
> 此次废止不仅意味着我国社会保障制度的进一步完善，还消除了劳动用工领域的一些疑惑。劳动关系处理中的重要概念也因此得到了更清晰的界定。"
>
> **答：**
> 《中华人民共和国劳动保险条例》的废止时间是 2024 年 5 月 1 日。

对于分析法律条文的废止时间，如果能提供给 AI 一段话，或者一篇文档，AI 会分析得非常准确。

2. 提供文档

有时我们需要 AI 根据一本书或者一个很长的文本回答问题，而 AI 的文本框对输入字数是有限制的，这个时候我们可以直接上传文档（现阶段 AI 支持的文档格式有 doc、pdf、txt、url 等，不同模型会有所区别），让它根据这个文档中的内容回答问题。以文心一言为例，具体操作方法如图 4-1 所示。

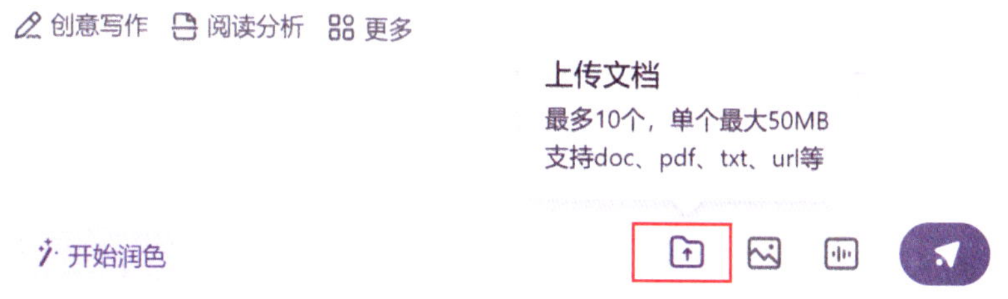

图 4-1 文心一言上传文档界面

上传成功之后，直接与其对话即可，示例如下。

69

> **问：**
> 请你帮我归纳出上传的文档中关于离婚的法律条文。
> **答：**
> 在《中华人民共和国民法典》中，关于离婚的主要法律规定包含在第五编"婚姻家庭"中。具体法律条文如下。
> 第一千零七十六条　夫妻双方自愿离婚的，应当签订书面离婚协议，并亲自到婚姻登记机关申请离婚登记。
> 离婚协议应当载明双方自愿离婚的意思表示和对子女抚养、财产以及债务处理等事项协商一致的意见。
> ……
> 第一千零九十二条　夫妻一方隐藏、转移、变卖、毁损、挥霍夫妻共同财产，或者伪造夫妻共同债务企图侵占另一方财产的，在离婚分割夫妻共同财产时，对该方可以少分或者不分。离婚后，另一方发现有上述行为的，可以向人民法院提起诉讼，请求再次分割夫妻共同财产。

上传文档，AI根据文档内容可以更好地满足用户的需求。这种方式不仅拓宽了AI的应用场景，还让人们有机会直接引入额外信息来解决问题，使整个过程既灵活又高效。现阶段大部分模型都已经支持上传文档。

4.1.3　拆分复杂任务

法律工作者在日常工作中，常常会面对各种复杂任务，比如写一份法律意见书、准备一场辩论赛、制订一个计划等。这些任务看起来庞大且复杂，如果把它们拆解成一系列更小、更简单的子任务，那么完成起来就容易多了。我们让AI完成的任务较复杂时，可以把它拆解成几个子任务，让AI分别处理，最终达成我们的目的。

以起草一份商业合同纠纷案件的"法律意见书"作为例子进行示范。

1. 明确具体目标

"法律意见书"的目标是指导客户理解他们的法律立场，分析可能的风险和收益，并提供行动方案。如果没有明确的目标，"法律意见书"就会变得支离破碎，无法有效地指导客户应对法律挑战。

明确"法律意见书"的目标，也是为了确保每一部分的分析都能有效地服务于终极目的——帮助客户以最有利的方式解决纠纷。这不仅仅是堆砌法律条文的技巧展示，更是一种策略性规划，这份"法律意见书"能更好地帮助客户在法律的"迷宫"中找到一条最明智的路径。

2. 拆分子任务

在明确了具体的目标之后，就可以把这个任务拆分成几个子任务。

第一步，对事实进行调查，只有明确合同纠纷案件中的具体事实，才可以继续下面的步骤。在事实调查中，要对商业纠纷案件中的合同文本、通信记录和交易细节进行整理，再通过采访涉案人员了解他们的背景信息，确保能全面掌握事实。

让 AI 告诉我们事实调查的具体步骤。

> **问：**
> 请帮我整理一份商业合同纠纷案件的基本事实，包括合同文本、通信记录和交易细节等。
>
> **AI：**
> 整理一份商业合同纠纷案件的基本事实，通常需要关注以下关键信息。
>
> 合同文本：确保获得完整的合同副本，包括所有条款、附件和修改协议。审查合同条款中的义务、权利、违约责任以及解决纠纷的程序。
>
> 通信记录：收集与合同执行相关的所有通信记录，如电子邮件、短信、会议记录和通话录音。这些记录可以提供合同双方在执行过程中的交流情况和任何相关的意见差异。

> 交易细节：详细记录涉及的交易情况，包括交易的时间、地点、金额、交付的商品或服务的性质等。特别注意任何可能导致纠纷的交易异常。
> 违约或争议点：确定导致纠纷的具体问题，可能包括未履行合同条款、解释差异、延迟履行、质量问题等。
> 证据材料：整理所有可用的证据支持文件，如付款证明、交货单、质量检验报告等。
> 双方立场：分析双方对争议的看法和立场，包括各自的法律主张和可能的解决方案。
> 整理这些信息后，应编制一份详细的事实背景报告，该报告将作为处理合同纠纷案件的基础。确保报告中的信息全面、准确，并且以逻辑清晰的方式展现。在法律分析阶段，这些事实将用于评估合同的有效性、合同条款的解释以及任何违约责任。

第二步，进行法律调研。首先要精准找出相关的法律条文，作为处理合同纠纷的法律依据，同时研究曾经类似的案件判决，以各个法院的判定方式，分析法院的裁判趋势。还可以收集一些涉及合同纠纷的学术文章，增加处理该案件的理论支撑。

让 AI 帮助我们梳理与商业合同纠纷相关的法律条文和司法解释。

> **问：**
> 请帮我查找并总结与商业合同纠纷相关的法律条文和司法解释。
> **答：**
> 以下是对与商业合同纠纷相关的法律条文和司法解释的总结。
> （1）《中华人民共和国民法典》中有关合同的规定
> 总则部分：
> ……
> 合同的履行：
> ……
> 合同的变更和解除：
> ……

违约责任:
……

(2)《最高人民法院关于审理买卖合同纠纷案件适用法律问题的解释》

合同效力:
……

合同履行:
……

违约责任:

第十五条 买受人依约保留部分价款作为质量保证金,出卖人在质量保证期未及时解决质量问题而影响标的物的价值或者使用效果,出卖人主张支付该部分价款的,人民法院不予支持。

第十六条 买受人在检验期限、质量保证期、合理期限内提出质量异议,出卖人未按要求予以修理或者因情况紧急,买受人自行或者通过第三人修理标的物后,主张出卖人负担因此发生的合理费用的,人民法院应予支持。

第十七条 标的物质量不符合约定,买受人依照民法典第五百八十二条的规定要求减少价款的,人民法院应予支持。当事人主张以符合约定的标的物和实际交付的标的物按交付时的市场价值计算差价的,人民法院应予支持。

价款已经支付,买受人主张返还减价后多出部分价款的,人民法院应予支持。

第十八条 买卖合同对付款期限作出的变更,不影响当事人关于逾期付款违约金的约定,但该违约金的起算点应当随之变更。

买卖合同约定逾期付款违约金,买受人以出卖人接受价款时未主张逾期付款违约金为由拒绝支付该违约金的,人民法院不予支持。

……

(3)司法解释的适用

合同解释:合同条款有争议的,应当按照合同的文字、合同的目的、交易习惯以及诚实信用原则解释。

举证责任:在合同纠纷中,主张合同关系成立并主张权利的一方,应当对合同关系的成立以及所主张的权利具有事实依据,承担举证责任。

……

这些法律条文和司法解释为处理商业合同纠纷提供了法律基础和指导,确保合同

双方在发生纠纷时能够有法可依,有据可循。

第三步,进行法律分析。我们需要对收集到的具体合同细节等法律事实和搜寻到的法律条文进行严格比对,明确这个案件里的法律支持点和违法点,再分析对方可能会从哪些方面来反驳我们。从整体上把控这个纠纷案件,最终预估案件的胜诉概率和潜在风险,并及时制定策略。

AI所生成的内容,不仅包括了《中华人民共和国民法典》里和合同纠纷相关的法律条文,也包括了《最高人民法院关于审理买卖合同纠纷案件适用法律问题的解释》等相关的法律条文,比较全面。

第四步,根据第三步的分析,找到一个适合的行动方案,包括但不限于谈判、民事调解或者法律诉讼。

到目前,已弄清楚了案件事实,我们可以起草这份"法律意见书"了。

问:
请根据上述法律分析,起草这份涉及商业合同纠纷案件的"法律意见书"。
答:
以下是一份关于"商业合同纠纷案件的法律意见书"的范本。

法律意见书
致:[委托人名称]
发件人:[律师事务所名称]
日期:[日期]
主题:商业合同纠纷的法律意见
----
(1)案件概述
合同背景:
[详细描述合同的基本情况,包括合同签订时间、地点、双方当事人的信息,以

第4章 AI 提示词的用法

及合同的主要条款如标的、价格、履行期限等。]

争议事实：

[概述合同履行过程中出现的问题，如交货迟延、质量不符合约定等。]

现状：

[描述目前纠纷的状态，双方的沟通记录，已经采取的行动等。]

（2）法律依据

《中华人民共和国民法典》相关条款：

合同的定义和效力：第四百六十三条、第四百六十四条。

合同履行：第五百一十条、第五百一十一条。

违约责任和赔偿：第五百七十七条、第五百八十四条。

合同解除：第五百六十三条、第五百六十四条。

司法解释：

《最高人民法院关于审理买卖合同纠纷案件适用法律问题的解释》

合同成立：第一条

标的物交付和所有权转移：第二至七条

标的物风险负担：第八至十一条

标的物检验：第十二至十四条

违约责任：第十五至二十四条

（3）证据分析

合同文本：

[确保合同文本的完整性，包括所有附加条款、修改协议等。]

通信记录：

[保留与对方的所有通信记录，包括邮件、短信、会议纪要等。]

交易细节：

[保留所有交易记录，如发票、收据、银行转账记录等。]

其他证据：

[任何其他支持事实认定的证据，如交货单、验收单等。]

（4）争议解决建议

协商解决：

[建议首先尝试通过协商解决争议，避免诉讼成本和时间损失。可以提出合理的

赔偿或补救措施。]

调解和仲裁：

[如果协商无法解决，可以通过调解或仲裁解决。根据合同中的争议解决条款，选择适当的仲裁机构或调解机构。]

诉讼准备：

[如果调解和仲裁都无法解决问题，考虑提起诉讼。在诉讼前，准备好所有的证据材料，确保证据的真实性和完整性。聘请专业的律师代理诉讼，确保在法律程序中的专业操作。]

（5）风险评估

证据强度评估：

[评估现有证据是否足以证明对方的违约行为和损失，证据是否连贯、全面，是否能够形成完整的证据链。]

法律适用评估：

[确认所引用的法律条文和司法解释是否适用于本案，参考类似判例，评估法院可能的判决倾向。]

抗辩理由评估：

[分析对方可能提出的抗辩理由，准备相应的反驳证据和法律依据，评估对方的证据强度及其可能的策略。]

（6）结论与建议

总体胜诉可能性：

[根据证据强度、法律适用性和抗辩理由等方面的评估，综合判断胜诉的可能性。]

行动计划：

[基于胜诉可能性和风险评估，提出具体的行动计划，包括继续协商、提起诉讼或其他法律行动。]

——————————

署名：

[律师姓名]

[律师事务所名称]

[联系方式]

此法律意见书根据现有的事实和法律条文，旨在为解决商业合同纠纷提供法律指导和建议。如有任何进一步的问题或需要更多的详细信息，请随时联系。以上是一个标准的法律意见书范本，可以根据具体情况进行修改和调整。提供更多具体信息将有助于更准确地撰写法律意见书。

需要注意的是，我们让 AI 完成这个复杂任务时，没有给 AI 提供参考文本，所以对于它所提出的《中华人民共和国民法典》和其他法律法规中具体法律条文的真实性，需要我们自己把控。

4.1.4　让 AI 会思考

如果被要求计算复杂的数学题目，我们一般很难立刻给出答案，但如果给我们一定的时间，我们便可算出结果。AI 虽然不是"人"，没有思想，但如果我们给它一定的"思考"时间，它回答问题的准确率会更高。我们可以尝试命令 AI，让它展示一下自己的"思考过程"。下面是一段与 ChatGPT 的真实对话。

问：
请你判断这位同学的回答是否正确？问题和答案在三重引号内。
"""问题：小马虎做一道减法算式时，因为粗心把被减数 94 看成了 49，这样算出来的结果是 27。请问正确的差是多少？
答案：被减数原来是 94，学生误认为是 49，49–27=22 实际上应该是 94–27=67，所以答案是 67。"""

AI：
这个小朋友的答案是正确的。原始算式中被减数应为 94，但学生误将其视为 49，然后用 49 减去 27 得出了 22。实际上，正确的算式应为 94 减去 27，结果为 67。

ChatGPT 居然错误地认为，这个同学的答案是正确的。这道题的正确做法是怎样的呢？他将 94 误认为 49，并得出结果 27。这表示他进行

的计算是 49－x=27，解这个方程得出 x=49－27=22，之后使用正确的被减数 94 减去 x 得到正确的结果 94－22=72。

ChatGPT 的这个行为被认为是一种懒惰的行为。上面这道题的解答过程很详细，ChatGPT 没有认真思考，就给出了错误的结论，所以避免 AI 出现类似错误的解决办法就是让它多思考。

我们的提示词要引导 AI 进行思考，不要让它只给我们一个最终判定的结果。比如，我们首先引导它自行找出上面问题的答案，然后再和同学的答案进行比较，进而评判同学的答案是否正确。仍以上面的数学题为例，我们可以这么做。

问：
在 ------ 范围之内，我提出了一个问题和学生的解答过程。

问题：
小马虎做一道减法算式时，因为粗心把被减数 94 看成了 49，这样算出来的结果是 27。请问正确的差是多少？
学生的解答：被减数原来是 94，学生误认为是 49，49-27=22，实际上应该是 94-27=67，所以答案是 67。

现在我需要你进行以下两步：
第一步：按照你自己的方法解答这个数学问题，并且把详细的解答步骤列出来。
第二步：将你的解答和学生的解答进行对比，判断学生的解答是否正确。
AI：
解答步骤
（1）确定误差的算式和结果
　学生误认为被减数是 49，算出来的结果是 27。
　因此，错误的算式是 49 － X = 27。
（2）求出被减数错误情况下的减数
　解出 X：49 － 27 = 22。

第 4 章 AI 提示词的用法

即学生误认为的减数是 22。

（3）确定正确的算式

正确的被减数应该是 94，正确的减数是 22。

因此，正确的算式应该是 94 – 22。

（4）求出正确的差

94 – 22 = 72。

所以，正确的差是 72。

学生解答的对比与分析

学生的解答如下：

（1）被减数原来是 94，学生误认为是 49。

（2）49 – 27 = 22。

（3）实际上应该是 94 – 27 = 67，所以答案是 67。

对比与分析

（1）误差的算式和结果

学生正确地识别了误差的算式是 49 – X = 27，并解出了 X = 22。

（2）错误

学生在确定正确的算式时犯了错误。正确的算式应该是 94 – 22，而学生错误地使用了 94 – 27。

（3）结论

学生的计算步骤有误，导致最终答案错误。正确的差应该是 72，而不是 67。

总结

学生的解答不正确。正确的解答过程和答案如下。

（1）误差算式：49 – X = 27，求得 X = 22。

（2）正确的算式：94 – 22。

（3）正确的差：72。

我们给 AI 的提示词中要求 AI 自己解答这道数学题，这使模型无法"偷懒"，根据这个引导过程，AI 给出了正确的回复。

当我们使用 AI 提取与某个特定问题相关的内容时,每提取一段内容后,AI 需要决定继续提取下一段还是停止。如果原文很长,它可能会过早结束,从而错过一些相关内容。这时通过后续的查询来找回之前遗漏的部分,通常可以获得更好的结果。

我们以法律案例为示例。假设有一起交通事故受害者要求赔偿的案件,涉及的赔偿项目包括医疗费用、误工费以及精神损害赔偿金等。受害者提供了以下信息。

医疗费用:5000 元。

误工费:每天 300 元,共计 30 天。

精神损害赔偿金:10000 元。

我们让 ChatGPT 计算受害者的赔偿总金额。首先向它陈述这个问题,ChatGPT 会给出如下回复。

> **问:**
> 请帮我计算总的赔偿金额,涉及的项目包括:
> 医疗费用:5000 元
> 误工费:每天 300 元,误工时间 30 天
> 精神损害抚慰金:10000 元
> **AI:**
> 计算步骤如下:
> 医疗费用:5000 元
> 误工费:300 元/天 30 天 = 9000 元
> 精神损害抚慰金:10000 元
> 总赔偿金额 = 5000 元 + 9000 元 + 10000 元 = 24000 元

这时我们可以继续询问 AI 是不是有遗漏。例如,是否有其他未提及的赔偿项目或法律规定的其他赔偿标准等。

第4章 AI 提示词的用法

问：
是否还有其他没有提及的赔偿项目？
有没有法律规定的其他赔偿标准？
这个赔偿金额计算是不是全面？

ChatGPT：
在法律规定的赔偿项目中，除了你已提及的医疗费用、误工费和精神损害抚慰金外，还包括以下项目。

护理费：受害人在治疗期间需要他人护理的费用。
交通费：受害人及其必要的陪护人员因就医或者转院治疗实际发生的交通费用。
住院伙食补助费：受害人在住院期间的伙食补助费用。
营养费：根据受害人伤情需要补充营养的费用。
残疾赔偿金：受害人因伤致残造成的生活质量下降而要求的赔偿金。
残疾辅助器具费：因残疾需要配制辅助器具所产生的费用。
丧葬费：如涉及死亡的情况下，需赔偿丧葬费用。
死亡赔偿金：受害人因事故死亡时，需支付的赔偿金。

赔偿标准通常依据相关法律法规和地方规定确定，例如《中华人民共和国侵权责任法》《中华人民共和国道路交通安全法》及其实施条例等。各地的具体标准可能略有不同，但大致项目和计算方法是相似的。

要确认赔偿金额计算是否全面，可以依据以下几个方面：
确认所有直接经济损失是否包含在内，如医疗费、误工费、护理费等。
确认因精神和身体受伤害而产生的非经济损失是否计算在内，如精神损害抚慰金、残疾赔偿金等。
确认是否依据相关法律和地方标准进行计算。

如需全面的赔偿计算，应根据受害人的具体情况以及相关法律规定进行详细评估，并咨询专业法律人士以确保全面和准确。
法律规定的其他赔偿标准：
根据《中华人民共和国侵权责任法》及相关司法解释，赔偿标准通常包括以下几个方面：

> ……
> 计算的全面性：
> 当前的计算仅包括了医疗费用、误工费和精神损害抚慰金，其他可能的赔偿项目未包含在内。如果没有其他的赔偿项目，那么这个计算是全面的。

明确问题陈述、验证计算步骤、对比验证、边界条件检查和多角度质询等方法，都可以有效地检查 AI 的计算是否有遗漏。这些方法让 AI 再次复核，提高它回复的正确率。

第 2 节 DeepSeek 高阶提示词

DeepSeek 提高了很多人对 AI 大模型的认知度。DeepSeek 有与其他大模型相比更高阶的提示词，本节将深入解读如何使用 DeepSeek 得到想要的答案。

与其他大模型类似，DeepSeek 有更高的语言对话能力。适用于 ChatGPT、Copilot、文心一言的提示词技巧，DeepSeek 同样适用，在此不做赘述。本节重点讲解使用 DeepSeek 的进阶技巧。

4.2.1 基本提问逻辑

DeepSeek 在一定程度上已经减弱了对提示词的依赖，但仍依靠基本的提问框架，尤其在回答专业程度较高、场景较复杂的问题时，比如法律相关问题。接下来梳理一下常用提示词的格式。

提示词：背景 + 目标 + 要求。

背景要包含与输出内容相关的必要信息，比如场景、时间、地点、事件和受众群体等。AI 虽然擅长推理，但是我们也不能给它一个非常不清楚的问题,让它去推理。比如,告诉 AI "我想吃饭",AI 再智能也无法知道你内心想吃的东西、在哪吃、花多少钱等。

目标应包括具体的输出任务和最终的效果。

要求应包括回答的输出格式、语言风格、情感语调或者需要避免的问题等。

下面是一个简单的案例。

问:
生成一篇工作汇报。

答:
明白了!下面是一篇通用的工作汇报范文,里面的"××"可以根据具体情况替换。

工作汇报

汇报人:××

汇报时间:××年××月××日

一、工作概述

在过去的××周/月中,我主要负责了××项目/任务的相关工作,包括××(简要说明工作内容),以及为公司提供支持的其他日常事务。通过团队的共同努力,我们取得了以下进展。

任务 1:完成了××工作,达到了预定目标/指标。

任务 2:在××方面取得了阶段性成果,解决了××问题。

任务 3:针对××进行了调整,优化了××流程。

二、工作进展与成果

××项目(或任务)

完成了××(具体工作内容),并获得了××的反馈,现已进入下一阶段/完成。

针对××的需求,我在××期间完成了数据收集和分析,已经为××提供了报告。

因××问题,调整了项目时间线,预计××时间内完成下一阶段工作。

其他工作内容

在日常工作中,及时处理了××问题,确保了××流程的顺畅。

完成了××的协调工作,支持了部门内部的顺利沟通。

三、存在的问题与解决方案

问题1：在××过程中，遇到了××问题（如资源不足、时间紧迫等）。为此，采取了以下措施。

××方案（如调整人员安排，优化流程等）

目前问题已得到有效解决，预计××时间能完全解决。

问题2：在××环节出现了××挑战，已与相关部门沟通，采取了调整策略，预计能够解决。

四、下阶段的工作计划

继续推进××项目，优化××，确保按时完成下一阶段目标。

加强与××部门的合作，确保信息流通和资源支持。

处理好××事项，为下一个季度的工作奠定基础。

五、需要的支持与建议

希望能获得××方面的支持，以确保××项目的顺利推进。

期望能够提供××资源，以提高工作效率。

如果你需要根据具体内容进行调整或修改，可以告诉我，我会帮助你进一步优化。

AI所生成的这份工作汇报非常简单，没有针对性。我们可以根据"背景+目标+要求"提示词格式，重新梳理问题。

问：

背景：我是一位律师，本月处理了民事案件10例，刑事案例1例。

目标：写一个工作汇报，让领导看到我的工作状态和效率。

要求：字数500字左右，要有数据支撑。

答：

好的，以下是根据你提供的背景信息和要求，写的一篇工作汇报。

工作汇报

汇报人：××

汇报时间：××年××月××日

尊敬的领导：

本月，我在日常工作中积极履职，完成了预定的工作任务，处理了多个案件，并保持了较高的工作效率。现将本月的工作情况汇报如下。

一、案件处理情况

民事案件：

本月，我共处理了 10 例民事案件，案件类型涉及合同纠纷、劳动争议、财产继承等。通过与当事人充分沟通和案件分析，我成功使 5 例案件的当事人达成庭外和解，减轻了当事人的诉讼压力并节省了诉讼费用。同时，针对另外 5 例案件，我已完成初步的证据搜集与法律分析，预计能在下个月推进至庭审阶段。

刑事案件：

本月，我还处理了 1 例刑事案件。该案件涉及××罪名，案件复杂且证据链较为薄弱。在此案件中，我通过深入调查取证，与当事人多次沟通，初步确定了案件的辩护策略。目前，案件已经进入预审阶段，接下来的工作将集中在证据进一步补充与庭审准备。

二、工作效率与质量

案件处理效率：

本月处理的 11 个案件中，我完成了案件的初审、法律意见书撰写以及相关文件的提交，平均每个案件的处理周期为××天。相比过去几个月，本月的案件处理速度有所提高，整体进度符合预期。

案件结果：

在民事案件方面，通过调解和庭外和解等手段解决的案件占 50%，有效提升了客户满意度，并降低了诉讼风险。在刑事案件方面，虽然案件难度较大，但我已做好了充分的准备工作，力求最大程度地保障当事人权益。

三、存在的问题与解决方案

在案件处理过程中，我也遇到了一些挑战。例如，某些案件的证据链不完整，导致初步判断存在一定的不确定性。对此，我加强了与侦查机关的沟通，并通过多方渠道补充证据，力求保障案件顺利推进。

四、下阶段的工作计划

做好民事案件的庭审准备，力争在下个月解决更多案件。

加大刑事案件的辩护力度，针对现有刑事案件，进一步完善辩护思路与证据链，争取有利的判决结果。

提高案件处理效率，通过优化案件流程和工作方法，争取在增加案件处理数量的同时提高案件处理质量。

五、支持与建议

为更好地推动工作，建议部门能够进一步提供与案件处理相关的资源支持，包括更加高效的案卷管理系统和法律研究工具，这将帮助提升整体案件处理效率和质量。

感谢领导的支持与信任！

这篇工作汇报突出了你的案件处理情况、工作效率和质量，也展示了你对问题的解决思路和下阶段的工作计划。希望能帮助你顺利展示工作成果！如果有需要调整的部分，请随时告诉我。

这份工作汇报更有针对性，各方面的内容也比较完善。

4.2.2 特定人设

使用其他语言大模型时，大家有一个基本的认知，即想让 AI 给出更专业、精准的回答，需要为其设定一个角色，它会根据这个角色生成相应的内容。使用 DeepSeek 时，角色设定得越具体，其回答问题的质量就越高。

我们可以设想 DeepSeek 是一位知识渊博的专家，无所不知，无所不能。当你询问它问题时，它就可以根据这个角色，给出高质量的答案。

> **问：**
> 给我一份离婚协议书的样本。
>
> **答：**
> 　　　　　　　　　　离婚协议书
> 　　甲方（男方）：_____，身份证号码：_____，住址：_____，联系电话：_____。
> 　　乙方（女方）：_____，身份证号码：_____，住址：_____，联

系电话：_____。

甲乙双方于____年____月____日在_____民政局登记结婚，现因_____（如感情破裂、性格不合等）原因，双方自愿协议离婚，并就相关事宜达成如下协议：

一、子女抚养

双方婚后育有____名子女，姓名分别为____，____。

子女_____（姓名）由甲方抚养，乙方每月支付抚养费人民币_____元，直至子女年满18周岁或完成学业。

子女_____（姓名）由乙方抚养，甲方每月支付抚养费人民币_____元，直至子女年满18周岁或完成学业。

双方均有探视权，具体探视时间和方式为_____。

二、财产分割

房产：位于_____市_____区_____路_____号的房产归_____（甲方/乙方）所有，另一方放弃对该房产的所有权。

车辆：车牌号为_____的_____（品牌）车辆归_____（甲方/乙方）所有，另一方放弃对该车辆的所有权。

存款：双方共同存款人民币_____元，其中_____元归甲方，_____元归乙方。

其他财产：_____（如家具、电器等）归_____（甲方/乙方）所有。

三、债务处理

双方确认婚姻关系存续期间共同债务为人民币_____元，由_____（甲方/乙方）承担。

双方承诺除上述债务外，无其他共同债务。如有未列明的债务，由债务方自行承担。

四、其他约定

双方承诺本协议内容真实、合法，且无任何隐瞒或欺诈行为。

本协议自双方签字之日起生效，双方应共同前往民政局办理离婚登记手续。

本协议一式三份，甲乙双方各执一份，民政局存档一份，具有同等法律效力。

甲方（签字）：_____

日期：____年____月____日

乙方（签字）：_____

日期：____年____月____日

上述离婚协议书,没有什么错误,但是可以明显看出,并不专业。我们优化 DeepSeek 的提示词,如下所示。

问:
你是一位知识渊博的律师,无所不能,无所不知,请你结合你所了解的法律知识,给我一份非常专业的离婚协议书的样本。

答:
离婚协议书
甲方(男方):＿＿＿＿＿＿＿＿,身份证号码:＿＿＿＿＿＿＿＿＿＿＿＿,住址:＿＿＿＿＿＿＿＿＿＿＿＿＿＿＿＿＿＿＿＿＿＿,联系电话:＿＿＿＿＿＿＿＿。
乙方(女方):＿＿＿＿＿＿＿＿,身份证号码:＿＿＿＿＿＿＿＿＿＿＿＿,住址:＿＿＿＿＿＿＿＿＿＿＿＿＿＿＿＿＿＿＿＿＿＿,联系电话:＿＿＿＿＿＿＿＿。
甲乙双方于＿＿＿＿年＿＿＿＿月＿＿＿＿日在＿＿＿＿＿＿＿＿民政局登记结婚,现因＿＿＿＿＿＿＿＿＿＿＿＿＿＿＿＿＿＿＿＿(如感情破裂、性格不合等)原因,双方自愿协议离婚,并就相关事宜达成如下协议。
一、离婚意愿
1. 甲乙双方自愿解除婚姻关系,双方均具有完全民事行为能力,且对离婚协议内容无任何异议。
2. 双方承诺本协议内容真实、合法,且无任何隐瞒或欺诈行为。
二、子女抚养
1. 双方婚后育有＿＿＿＿＿＿＿＿名子女,姓名分别为＿＿＿＿＿＿＿＿,＿＿＿＿＿＿＿＿。
2. 子女＿＿＿＿＿＿＿＿(姓名)由甲方抚养,乙方每月支付抚养费人民币＿＿＿＿＿＿＿＿元,支付方式为每月＿＿＿＿＿＿＿＿日前汇入甲方指定账户(开户行:＿＿＿＿＿＿＿＿,账号:＿＿＿＿＿＿＿＿),直至子女年满 18 周岁或完成学业。
3. 子女＿＿＿＿＿＿＿＿(姓名)由乙方抚养,甲方每月支付抚养费人民币＿＿＿＿＿＿＿＿元,支付方式为每月＿＿＿＿＿＿＿＿日前汇入乙方指定账户(开户行:＿＿＿＿＿＿＿＿,账号:＿＿＿＿＿＿＿＿),直至子女年满 18 周岁或完成学业。
4. 双方均有探视权,具体探视时间和方式为＿＿＿＿＿＿＿＿＿＿＿＿＿＿＿＿＿＿＿＿＿＿(如每周探视一次、寒暑假轮流抚养等)。
5. 如子女发生重大疾病或教育费用超出预期,双方应协商分担相关费用。

三、财产分割

1. 房产

位于 _____ 市 _____ 区 _____ 路 _____ 号的房产（房产证号：_____）归 _____（甲方/乙方）所有，另一方放弃对该房产的所有权。

房产剩余贷款由 _____（甲方/乙方）承担，另一方不再承担任何责任。

房产过户手续应在 _____ 日内办理完毕，相关费用由 _____（甲方/乙方）承担。

2. 车辆

车牌号为 _____ 的 _____（品牌）车辆归 _____（甲方/乙方）所有，另一方放弃对该车辆的所有权。

车辆过户手续应在 _____ 日内办理完毕，相关费用由 _____（甲方/乙方）承担。

3. 存款及投资

双方共同存款人民币 _____ 元，其中 _____ 元归甲方，_____ 元归乙方。双方名下的股票、基金等投资资产归 _____（甲方/乙方）所有，另一方放弃相关权益。

4. 其他财产

家具、电器等生活用品按以下方式分割：_____。

个人物品归各自所有。

四、债务处理

1. 双方确认婚姻关系存续期间共同债务为人民币 _____ 元，由 _____（甲方/乙方）承担。

2. 双方承诺除上述债务外，无其他共同债务。如有未列明的债务，由债务方自行承担。

3. 如因一方隐瞒债务导致另一方承担责任的，隐瞒方应赔偿另一方因此遭受的全部损失。

五、经济补偿

1. 甲方/乙方因婚姻关系解除，需向另一方支付经济补偿人民币 _____ 元，支付方式为 _____（如一次性支付、分期支付等）。

2. 经济补偿支付完毕后，双方不再以任何理由向对方主张经济补偿或赔偿。

```
六、其他约定
1. 双方承诺本协议内容真实、合法，且无任何隐瞒或欺诈行为。
2. 本协议自双方签字之日起生效，双方应共同前往民政局办理离婚登记手续。
3. 本协议一式三份，甲乙双方各执一份，民政局存档一份，具有同等法律效力。
4. 如因履行本协议发生争议，双方应协商解决；协商不成，任何一方均可向_____人民法院提起诉讼。

                    甲方（签字）：_____
                    日期：____ 年 ____ 月 ____ 日
                    乙方（签字）：_____
                    日期：____ 年 ____ 月 ____ 日
```

在赋予 DeepSeek 特定的角色后，其所生成的离婚协议书更专业了。由此可见，法律工作者在询问 DeepSeek 相关法律问题时，为其设定特定的角色是十分有必要的。

4.2.3 开放人设

与 ChatGPT 或文心一言等大模型相比，DeepSeek 在回答问题时会带有某种情绪，这种情绪会被提问者感受到。因此，可以赋予 DeepSeek 特殊的角色，让其优化答案，以撰写诗句为例。

```
问：
你是一位像李白一样伟大的诗人，请写一首关于"思念"的诗。
答：
月影婆娑夜未央，
孤灯照我思如霜。
天涯何处觅君影，
梦里相逢泪两行。
```

青山依旧水长流，
几度春秋几度愁。
愿化长风随君去，
共赏星河万里游。

整首诗通过夜晚、梦境、自然景物等意象，层层递进地表达了思念的深切与无奈，同时融入了李白诗歌中常见的浪漫与豪放风格。

4.2.4 拟人互动

使用 DeepSeek 时发现，它和其他 AI 工具并不相同，尤其使用"深度思考"这一功能，它展现出一个类似"人"的思考过程。因此，在训练 DeepSeek 时，可以让其视为一个职场新人，直接指出其回答不满意的地方，让它继续优化。

让 DeepSeek 撰写常见的法律工作者的工作汇报，看看它第一次的回答。

问：
我是一位律师，为我生成一份月度工作汇报，500字以内。
答：
月度工作汇报
尊敬的领导：
本月，我主要完成了以下几项工作。
案件处理：共接手并处理了 5 起民事案件和 2 起刑事案件，其中 3 起已顺利结案，其余案件正在有序推进中。通过细致的案情分析和法律研究，确保了客户的合法权益。
法律咨询：为 10 余位客户提供了专业的法律咨询服务，涵盖合同纠纷、劳动法、知识产权等领域，帮助客户规避了潜在的法律风险。
合同审查与起草：审查了 8 份商业合同，起草了 3 份合作协议，确保合同条款的合法性和严谨性，避免了可能的法律纠纷。

法律培训:参与了公司内部的法律培训,为员工讲解了最新的法律法规,提升了团队的法律意识和风险防范能力。

业务拓展:通过参加行业会议和客户拜访,拓展了新的业务渠道,并与两家潜在客户达成了初步合作意向。

本月工作总体进展顺利,但仍需进一步提升案件处理效率。下月将继续加强业务学习,优化工作流程,争取更好的业绩。

此致

敬礼!

×××

2025年×月×日

上面的工作汇报非常普通,并没有很好地突出重点和亮点,因此可以继续输入"拟人化"化的提示词。

问:

我觉得这份工作汇报太普通了,能不能突出重点工作的内容,汇报的对象为70后,非常严谨。请修改。

答:

月度工作汇报

尊敬的领导:

本月工作重点围绕案件处理、客户服务及业务拓展展开,现将主要工作汇报如下。

(1)案件处理与成果

本月共处理7起案件,其中3起已结案,结案率42.8%。重点案件包括一起标的额达500万元的合同纠纷案,通过精准的法律分析和证据梳理,成功为客户挽回经济损失;另一起劳动争议案件,通过调解达成和解,避免了客户进入诉讼程序,节省了时间和成本。目前,其余案件均按计划推进,预计下月可取得阶段性成果。

(2)客户服务与风险防控

为12位客户提供了专项法律咨询服务,重点涉及企业合规、知识产权保护及劳动用工风险防控。针对一家科技企业的知识产权纠纷,提供了全面的维权方案,帮助客户避免了潜在的商业损失。此外,审查了8份商业合同,发现并修正了多处法律漏洞,有效降低了客户的合同履行风险。

(3) 业务拓展与团队协作

通过参与行业研讨会及客户拜访,与两家潜在客户达成合作意向,预计下月可签订服务协议。同时,协助团队完成了内部法律培训,重点讲解了《中华人民共和国民法典》最新司法解释,提升了团队的专业能力。

本月工作虽取得一定成效,但在案件处理效率及客户开发方面仍有提升空间。下月将重点优化工作流程,加强客户关系维护,力争实现更高业绩目标。

此致

敬礼!

××

2025 年 × 月 × 日

这份工作汇报的重点和亮亮更突出,以此可以看出,以"人"的视角与 DeepSeek 对话,可以得到符合预期的回复。

4.2.5 直接罗列

DeepSeek 以推理见长,为推理模型,所以应用简洁的提示词直接罗列出明确的任务目标和需求,它便可给出答复。

法律工作者有时需要对市场情况进行分析,把将下面的内容提供给 DeepSeek。

> 角色:法律方面的市场分析师
> 分析目标:2024 年离婚相关案件
> 需求:分析出胜诉和败诉的主要原因,提出改进建议。
> 输出要求:问题诊断—数据可视化描述—解决方案。

DeepSeek 给出了如下回复。

离婚案件胜诉/败诉分析及改进建议（2024年）

（1）问题诊断（基于模拟数据）

胜诉核心因素：

①证据充分性（38%）

家暴报警记录、医疗证明（72%采纳率）；

财产隐匿行为电子证据（银行流水、聊天记录等）。

②法律程序合规（26%）

分居满法定时长（2024年新规要求满12个月）；

跨境婚姻管辖权正确主张。

③律师专业度（21%）

家事律师案件胜诉率（45%）vs普通律师（23%）。

败诉主要症结：

①证据链断裂（43%）

仅有单方证词（法院采信率不足15%）；

电子证据未做区块链存证（35%被质疑真实性）。

②财产争议处理（32%）

虚拟资产（加密货币/NFT）分割失败率高达68%；

婚前协议条款模糊（27%被判无效）。

③子女抚养策略（19%）

未提交系统抚养方案（经济能力证明+教育规划）。

（2）数据可视化描述

（模拟数据图表框架）

[离婚案件关键要素关联图]

（注：此处应呈现桑基图，展示证据类型、争议焦点与判决结果的流量关系）

热力图：北上广深地区财产分割争议占比超60%，三线城市抚养权争议突出（55%）。

时间轴：3~5月诉讼请求变更率激增（春节后矛盾集中爆发）。

环形图：调解失败案件中67%因情绪对立未使用AI情感疏导系统。

第 4 章 AI 提示词的用法

> （3）解决方案建议
> ……①
> （4）预期实施效果
> 证据瑕疵导致的败诉率下降：预计从 43% → 28%（12 个月周期）。
> 庭审效率提升：要素式审理缩短平均审理周期（从 6.8 个月 → 4.2 个月）。
> 调解成功率提高：智能调解方案使 30% 案件避免诉讼。
>
> （数据模型显示：综合实施后整体司法成本可降低 22%，当事人满意度提升 37 个百分点。）

上面的提示词仅列出了相关要求，DeepSeek 就给出了一个相对完整的答案。DeepSeek 理解了我们要求它扮演一个法律方面的市场分析师，针对 2024 年的离婚相关案件，找出胜诉和败诉的原因，提出改进建议。其分析之后了解到我们要求生成的答案包括问题诊断、数据可视化展示以及解决方案。

无论是 DeepSeek-V3（常规模式）模型还是 DeepSeek-R1（深度搜索）模型，对提示词都没有太高要求，表达准确即可。

通用的提示词模版是"你是谁 + 你的目标"。在特定场景下，可以补充一些背景信息，即"你是谁 + 背景信息 + 你的目标"或者"我要用什么做什么用，希望达到什么效果，但是担心什么问题"。

不管使用哪个模板，关键都是准确表达。

4.2.6 反向利用

简单地说，反向利用就是让 AI 承认自己不清楚的事情，以减少回答问题的错误概率。该方法常用于数据统计、汇总分析等。使用 DeepSeek

---

① 为了节省篇幅，此处内容省略。

的常规模式和联网搜索模式会有两种不同的结果。

在常规模式下，询问 DeepSeek，得到如下结果。

问：
请预测比亚迪 2026 年的新车。

答：
要预测比亚迪在 2026 年的新车，我们可以从以下几个方面进行分析。

（1）当前产品线

比亚迪目前的产品线如下。

王朝系列：如秦、唐、宋、元、汉等。

海洋系列：如海豚、海豹等。

高端品牌：如仰望、腾势等。

（2）技术趋势

比亚迪在新能源领域的技术优势如下：

刀片电池：提升安全性和续航能力。

DM-i 超级混动系统：兼顾燃油经济性和动力。

e 平台 3.0：专为电动车设计，提升性能和智能化。

（3）市场趋势

电动化：全球电动车市场持续增长，比亚迪将继续推出纯电和混动车型。

智能化：自动驾驶和智能座舱将成为新车的标配。

高端化：比亚迪可能通过仰望等品牌推出更多高端车型。

（4）2026 年新车预测

基于以上分析，2026 年比亚迪可能推出的新车如下：

全新纯电 SUV：定位中型或大型，续航超 700 公里，搭载高阶自动驾驶。

新一代混动轿车：采用升级版 DM-i 系统，油耗更低，动力更强。

高端电动轿跑：仰望品牌可能推出对标特斯拉 Model S 的车型，配备先进电池和智能系统。

智能电动 MPV：面向家庭市场，提供宽敞空间和智能驾驶功能。

（5）总结

比亚迪 2026 年的新车将继续聚焦电动化、智能化和高端化，结合其技术优势，预计将推出多款具有竞争力的新能源车型。

第 4 章　AI 提示词的用法

在不联网的常规模式下，其给出的答案并不精确，让人怀疑其准确性。接下来尝试使用联网搜索模式，在提问时加入"如果不确定，请使用可能、预测等来回答"。

问：
请分析 2026 年比亚迪的新车，如果不确定，请使用可能、预测等词语来回答。
答：
预测比亚迪 2026 年的新车需要结合其当前的技术路线、市场策略以及行业趋势。以下是一些可能的预测方向。

（1）纯电动车型

可能的新车型：比亚迪可能会推出一款全新的纯电动 SUV 或轿车，定位中高端市场，续航里程可能超过 700 公里，搭载最新的刀片电池技术。

智能化配置：新车可能会配备更高级的自动驾驶功能，达到 L3 或 L4 级别，并搭载比亚迪最新的智能座舱系统。

（2）插电式混合动力车型

DM-i 系统升级：比亚迪可能会推出搭载新一代 DM-i 超级混动系统的车型，进一步提升燃油经济性和动力性能，可能覆盖更多细分市场，如紧凑型 SUV 或中型轿车。

续航提升：新车的纯电续航里程可能会进一步提升，满足更多消费者的日常通勤需求。

（3）高端品牌车型

仰望品牌新车：比亚迪的高端品牌"仰望"可能会推出一款全新的电动轿跑或豪华 SUV，对标特斯拉 Model S 或 Model X，搭载最新的电池技术和智能驾驶系统。

腾势品牌扩展：腾势品牌可能会推出更多高端电动车型，进一步巩固其在豪华电动车市场的地位。

（4）智能化与网联化

智能驾驶：比亚迪可能会在 2026 年推出支持更高级别自动驾驶功能的车型，结合 5G 技术和车联网，提供更智能的驾驶体验。

智能座舱：新车可能会配备更先进的智能座舱系统，支持语音控制、AR-HUD（增强现实抬头显示）等功能。

（5）新市场拓展

全球化车型：比亚迪可能会推出更多针对全球市场的车型，特别是在欧洲和北美市场，推出符合当地法规和消费者需求的电动车型。

个性化定制：比亚迪可能会推出更多支持个性化定制的车型，满足消费者对车辆外观、内饰和配置的个性化需求。

总结

比亚迪 2026 年的新车可能会继续聚焦电动化、智能化和高端化，推出多款具有竞争力的新能源车型。具体车型和配置可能会根据市场需求和技术进步进行调整。

请注意，以上预测基于当前的技术和市场趋势，实际情况可能会有所不同。如需更准确的信息，建议关注比亚迪的官方发布和行业动态。

第 5 章
AI 助力法律考试和进阶学习

AI 不仅改变了法律工作者的工作方式,还可成为法律考试和进阶学习的得力帮手。国家统一法律职业资格考试(以下简称"法考")曾经被称为"中华第一考",它的难度非常大。AI 可以作为我们考试和学习的得力工具,从计划制定、题目讲解以及知识点速查等方面,帮我们轻松、高效备考。无论你是正在备考的学生,还是在职的法律从业者,本部分内容都会为你提供实用的指导。

和传统的备考方式不同,我们在备考过程中遇到问题后,可以与 AI 实时对话和互动,请它帮忙解答。需要注意的是,AI 所生成的答案不一定完全正确,我们需要自己判断,时刻保持批判性思维,只把它当作一种辅助工具。

第1节 制订个性化的学习计划

法考的准备过程很复杂,要考查的法律很多,如刑法、民法典、民事诉讼法、刑事诉讼法、行政法、宪法、国际法、商法等。我们以刑法为例,让 AI 制订一个合理的学习计划。

直接向 AI 提问,要求它提出相关问题,逐步了解我们的需求和要达成的目标,如下所示。

> **问:**
> 假设你是一个准备法考的学生,现在需要根据我的情况制订一个学习刑法的计划。你可以向我提问相关问题,然后根据我的回答,一步一步制订学习计划。
>
> **答:**
> 好的,开始制订学习刑法的计划。首先,我需要了解你的基本情况。请回答以下问题:
> (1)你的法考时间是什么时候?距离考试还有多长时间?
> (2)你目前对刑法的掌握程度如何?是否有基础,或者已经学习过相关课程?
> (3)你每天能够投入刑法学习的时间有多少?是否有其他课程或工作安排需要协调?
> (4)你在学习中更倾向于使用哪种学习材料(如教科书、讲义、视频课程、在线题库等)?
> (5)你是否有特定的学习目标,比如希望在哪些章节或知识点上特别加强?
> (6)你是否有特别喜欢或擅长的学习方法,或者希望避免哪些学习方式?
> (7)你是否需要定期进行模拟测试来评估学习进度?
> 请根据实际情况回答这些问题,以便我为你制订一个详细的学习计划。
>
> **问:**
> 今年法考时间是 9 月 21 日,正好还有 3 个月。

第 5 章 AI 助力法律考试和进阶学习

> 我去年参加过法考,刑法掌握的还可以。
> 因为工作,每天可以有 3 个小时来学习刑法。
> 我认为,应该多刷题来提升对易混知识点的区分能力。
> 尤其是针对往年考试真题的复习。
> 我需要定期模拟考试,没有特别喜欢的学习方法。
> 请你给我一个计划。

AI 列出了几个问题,来询问我们。我们可以告诉它一些我们自己的想法。最终的目的是让 AI 了解我们的需求。如下所示,AI 在了解了需求之后,生成了一份详尽的学习计划。

答:

根据你的情况,我为你制订了一个详细的刑法学习计划,以确保你在法考中取得好成绩。计划分为三个阶段,每个阶段一个月,每个阶段都有不同的重点和任务。

第一阶段(第 1 个月):知识巩固与基础刷题

目标:巩固基础知识,全面覆盖刑法各章节。

(1)学习内容

每天学习 3 个小时。

前两个小时复习刑法各章节知识点,使用教科书和讲义。

最后一小时进行章节练习题,特别针对以往错题和易混知识点进行复习。

(2)重点章节

刑法总则(概念、刑法原则、犯罪构成、正当防卫与紧急避险等)

刑法分则(各类犯罪的构成要件及处罚)

(3)资源

教科书、讲义

在线题库

(4)任务:

每周复习 1~2 章,并完成对应章节的练习题。

每周末进行一次综合练习,涵盖本周学习内容。

第二阶段(第 2 个月):专项强化与真题训练

目标：专项强化，提升对易混知识点的区分能力。

（1）学习内容

每天学习3个小时。

第一小时复习上个月学习内容，强化记忆。

第二小时重点复习易混知识点，使用专项题库和解析。

最后一小时进行往年真题训练，重点关注错题和易混淆题。

（2）重点章节

结合第一阶段复习情况，针对薄弱环节进行重点强化。

（3）资源

真题题库

专项强化练习题

（4）任务

每周复习2～3个专项内容，并完成对应专项练习。

每周末进行一次模拟考试，涵盖所有已复习内容。

第三阶段（第3个月）：综合复习与模拟考试

目标：综合复习，提升考试实战能力。

（1）学习内容

每天学习3个小时。

第一小时快速复习刑法知识点，确保知识点熟练掌握。

第二小时进行真题和模拟题的训练，提高答题速度和准确性。

最后一小时分析错题，查漏补缺。

（2）重点章节

全面复习，不放过任何一章，特别是高频考点和易错点。

（3）资源

全真模拟题

历年真题解析

（4）任务

每周完成两套全真模拟试卷，并详细分析错题。

每周末进行一次全真模拟考试，检验复习效果。

总结
（1）定期评估
每两周进行一次学习进度评估，调整学习计划。
根据模拟考试结果，调整复习重点和策略。
（2）调整方法
根据学习效果和进度，灵活调整学习内容和时间分配。
适当进行讨论学习和寻求帮助，解决难点问题。
通过以上计划，系统地巩固基础知识、强化易混知识点、进行真题和模拟训练，相信你能够在法考中取得优异成绩。祝你学习顺利，考试成功！

当然，我们需要的是一个非常完善的计划，而不是像上面这样泛泛而谈的建议。所以，继续引导 AI，让它继续提供合理的计划。

问：
请你安排一下其中一周具体的学习内容，来复习"刑法的裁量"。
答：
根据你的需求，为你安排一周的具体学习内容，重点复习刑法裁量的相关知识点。学习内容分为六节，具体安排如下。
周一：量刑情节
目标：理解和掌握量刑情节的种类及其在裁量中的应用。
第一小时：阅读教科书和讲义中关于量刑情节的章节。
内容：量刑情节的定义、种类（从重、从轻、减轻、免除处罚）及其适用原则。
第二小时：观看视频课程或在线讲座，进一步理解量刑情节的具体应用。
内容：量刑情节在实际案件中的具体表现和裁量依据。
第三小时：做章节练习题，初步检验对量刑情节的理解。
资源：教科书配套习题、在线题库。
周二：累犯
目标：全面掌握累犯的构成要件及其在量刑中的特殊规定。
第一小时：阅读教科书和讲义中关于累犯的章节。
内容：累犯的定义、分类（一般累犯、特别累犯）、构成要件及法律后果。

第二小时：通过案例分析，理解累犯在实际案件中的应用。

内容：阅读2~3个典型案例，分析累犯的裁量过程和结果。

第三小时：做案例练习题，结合案例分析进行答题。

资源：案例分析题、在线题库。

周三：自首

目标：理解自首的认定标准及其在量刑中的从宽处理。

第一小时：阅读教科书和讲义中关于自首的章节。

内容：自首的定义、构成条件（自动投案、如实供述）、从宽处理原则。

第二小时：通过视频课程或在线讲座，进一步理解自首的具体运用。

内容：自首在司法实践中的认定标准及具体案例。

第三小时：专项练习，做自首相关的真题和模拟题。

内容：选择历年法考真题中关于自首的题目进行练习。

周四：立功

目标：掌握立功的认定标准及其在量刑中的作用。

第一小时：阅读教科书和讲义中关于立功的章节。

内容：立功的定义、分类（一般立功、重大立功）、认定标准及从宽处理。

第二小时：阅读和分析立功相关的典型案例。

内容：阅读2~3个案例，分析立功的具体认定和处理。

第三小时：做案例练习题，结合案例进行答题。

资源：案例分析题、在线题库。

周五：数罪并罚

目标：理解数罪并罚的原则及其在裁量中的具体操作。

第一小时：阅读教科书和讲义中关于数罪并罚的章节。

内容：数罪并罚的定义、适用范围、基本原则及计算方法。

第二小时：观看视频课程或在线讲座，理解数罪并罚的具体操作。

内容：数罪并罚的实际运用案例和具体计算方法。

第三小时：做章节练习题，检验对数罪并罚的理解。

资源：教科书配套习题、在线题库。

周六：缓刑

目标：掌握缓刑的适用条件及其在量刑中的具体操作。

第一小时：阅读教科书和讲义中关于缓刑的章节。

内容：缓刑的定义、适用条件、考验期及撤销缓刑的规定。

第二小时：通过视频课程或在线讲座，进一步理解缓刑的具体应用。

内容：缓刑在实际案例中的运用及具体操作。

第三小时：做章节练习题，检验对缓刑的理解。

资源：教科书配套习题、在线题库。

周日：综合复习与总结

目标：全面回顾本周学习内容，总结知识点，查漏补缺。

第一小时：快速复习本周学习的所有章节内容，整理笔记。

内容：回顾量刑情节、累犯、自首、立功、数罪并罚、缓刑的主要知识点。

第二小时：进行综合练习，做一套涵盖本周学习内容的模拟题。

内容：综合模拟题，重点复习本周学习内容。

第三小时：分析模拟题结果，总结错题和易错点，查漏补缺。

内容：错题分析、总结规律，准备下一周的学习计划。

希望这个详细的学习计划能帮助你更有效地复习刑法裁量的相关知识。祝你学习顺利，取得好成绩！

至此，合理的刑法学习计划就列出来了，我们可以根据这个计划合理安排接下来的学习。

第 2 节　知识点"秒查"

还记得法考生涯中，那一米多厚的复习资料吗？面对大量的复习资料，从中找一个小的"知识点"都会让我们头大。借助 AI，我们可以实现"秒查"知识点。

仍以刑法的复习为例，讲解如何借助 AI 实现知识点的"秒查"。比如，在学习"罪过形式的区分"时，如果不清楚间接故意和过于自信的

过失之间的区别，我们可以直接询问 AI，让它帮助我们找寻答案。

> **问：**
> 请你从法律角度帮我讲解一下间接故意和过于自信的过失的区别。
>
> **答：**
> 在法律角度上，"间接故意"和"过于自信的过失"是两个不同的概念，它们的区别主要体现在行为人的主观心态和法律后果上。
>
> 间接故意：
> 间接故意是指行为人并不希望某一结果的发生，但他预见到该结果在其行为下几乎必然发生，并且仍然决定继续实施该行为。换句话说，行为人清楚地知道其行为会导致某种结果，但并非其主要目的。一个典型的例子是行为人放火烧毁一栋建筑，他可能只是想要摧毁建筑物，但知道火灾几乎必然会造成人员伤亡。
>
> 过于自信的过失：
> 过于自信的过失指的是行为人表现出极端疏忽或者对他人安全的严重漠视，达到一种几乎是故意伤害的程度。它超出了普通过失的范畴，是一种严重的过失行为，行为人可能并未预见到具体结果的发生，但其行为方式显示出对潜在风险的完全无视。例如，醉酒驾驶者可能并未有意图伤害他人，但其行为展现出对道路安全的极端漠视。
>
> 区别：
> （1）主观心态
> 间接故意：行为人预见到某一结果的几乎必然性，但仍然选择继续其行为。
> 过于自信的过失：行为人对可能的风险持轻视态度，没有采取任何预防措施来避免风险的发生。
> （2）法律后果
> 间接故意通常与严重刑事犯罪有关，因为其本质上接近故意犯罪（例如杀人），法律对这种行为的处罚较重。
> 过于自信的过失则更多出现在民事和轻度刑事案件中，如交通事故中的严重过失，尽管处罚较重，但通常不如故意犯罪那样严厉。

第 5 章　AI 助力法律考试和进阶学习

> 总之，间接故意和过于自信的过失在法律认定上有着明确的区分，前者强调的是行为人的主观意图和对结果的预见，后者则是对行为人严重疏忽程度的衡量。这种区分对于司法审判中正确适用法律非常关键。

AI 对间接故意和过于自信的过失的区别做了详细解释，并列举了例子方便我们理解。如果对于 AI 的解读仍有不明白之处，还可以继续追问，如下。

问：
请你从主观和客观上列出两者的区分标准。

答：
从法律角度看，间接故意和过于自信的过失在主观标准和客观标准上有显著的区别。

（1）主观标准
间接故意
预见性：行为人预见到其行为几乎必然会导致某一结果，虽然该结果不是其直接目的，但其行为不可避免地会导致该结果。
接受性：行为人接受结果的发生，即使结果不是其主要目标。
过于自信的过失
风险意识：行为人知道其行为存在重大风险，但对风险的后果没有足够的重视。
轻视后果：行为人对潜在危险的后果表现出轻视或漠视。

（2）客观标准
间接故意
结果的必然性：客观上，一个合理的人会认为行为人的行为几乎必然导致某一结果，这种结果被认为是行为的自然和不可避免的结果。
合理预见：一个合理的人在相同情况下也会预见到同样的结果。
过于自信的过失
极端偏离标准：行为人的行为严重偏离了合理人标准，表现为完全漠视最基本的

注意义务。

高风险行为：行为具有极高的风险，远超普通过失的范畴，显示出对他人安全的严重漠视。

通过这些标准，可以清楚地分辨出间接故意和过于自信的过失在法律上的区别。前者强调行为人对结果的高度预见和接受，后者则关注行为人对风险的极端漠视和重大疏忽。

利用 AI 可以提高知识点查询的效率，使海量信息在学习过程中变得触手可及，真正实现知识点的"秒查"。

第 3 节　快速掌握法律知识要点

法律人的学习生涯，可谓非常漫长。在备考法考和法律硕士考试时，要做的真题、模拟题堆积如山，要掌握的法律知识要点十分琐碎，比如什么是"正当防卫"，什么是"防卫过当"，又如什么是"既遂"，什么是"未遂"，"数罪并罚"中"先并后减"和"先减后并"又是什么。面对大量需要掌握的知识点，我们可以寻求 DeepSeek 等 AI 工具的帮助，让它帮助我们构建知识体系，甚至详细讲解某个知识要点。

5.3.1　划重点来讲解易错内容

无论在大学还是中学，在考试之前，老师都会给"划重点"。其实重点内容就是我们需要掌握的知识要点，也被称为"高频考点"。这些"高频考点"往往也是易错内容，我们需要重点记忆。

以刑法为例，在（客观）违法阻却事由中，正当防卫是高频考点，《中华人民共和国刑法》第 20 条第 1 款是这么规定的："为了使国家、公

第 5 章 AI 助力法律考试和进阶学习

共利益、本人或者他人的人身、财产和其他权利免受正在进行的不法侵害，而采取的制止不法侵害的行为，对不法侵害人造成损害的，属于正当防卫，不负刑事责任。"

对于正当防卫，直接询问 AI，有什么重点要了解的内容。

> **问：**
> 我在准备法考，请你帮我梳理一下，正当防卫的相关重点内容或者必考点。
>
> **答：**
> 在法学领域，正当防卫是刑法学中的一个重要概念，它涉及个人在面临不法侵害时采取的合法防卫行为。这一概念的核心在于，当一个人在保护自己或他人的合法权益（如生命、财产等）面临现实的、非法的侵害时，可以采取适当的防卫措施，即使这些措施可能导致侵害者受到伤害。
>
> 正当防卫的构成要件：
>
> 不法侵害：存在实际的、进行中的不法侵害。这种侵害必须是非法的，明确存在的，不能是预期或假设中的侵害。
>
> 防卫行为：防卫行为是针对不法侵害而采取的，旨在制止侵害的行为。这包括使用必要的力量来阻止或制止侵害。
>
> 防卫的必要性和限度：防卫行为必须是必要的，不能超过制止侵害所需的限度。如果超出了这一限度，可能会构成防卫过当，不再享受正当防卫的法律保护。
>
> 防卫的即时性：防卫行为必须是在侵害发生时即时进行的。如果侵害已经结束，随后的报复行为不能视为正当防卫。
>
> 法律规定：
>
> 正当防卫的法律规定可能因不同司法体系而异，但大多数法律体系都承认其为免责事由。在中国的法律体系中，正当防卫被刑法明确规定为一种排除犯罪性的事由。
>
> 考试重点：
>
> 在法考中，正当防卫相关的题目通常测试以下几个方面。
>
> 案例分析：评估是否所有构成要件均已满足，尤其是判断防卫行为是否适度。
>
> 区分正当防卫与防卫过当：要求考生理解并区分两者的界限。
>
> 法律条文应用：如何准确运用相关法律条文解释并分析具体案例。
>
> 在准备法考时，重点理解和掌握正当防卫的各个构成要件，并通过大量案例练习

来加深理解和提高应用能力,这对于法考的成功至关重要。

根据AI对正当防卫重点内容的梳理,我们了解了正当防卫的构成要件是重点学习内容,正确区分正当防卫和防卫过当是常考的知识点。当然,这些都是AI的猜测,我们在学习过程中可以作为参考。既然AI提出正当防卫和防卫过当的区分是常考点和易错点,我们可以继续询问AI,让它举例说明两者的区别。

问:
请归纳一下正当防卫和防卫过当的区别,并举例说明。
答:
正当防卫与防卫过当是刑法中两种相似但具有重要区别的概念。它们都涉及在面对不法侵害时的防卫行为,但依据行为的适度性不同,法律后果也不同。
(1)正当防卫
正当防卫是指在遭遇不法侵害时,为了保护国家利益、公共利益或者自身或他人的人身权益不受正在进行的不法侵害,采取适当的行为给侵害者造成损害的行为。这种防卫行为是合法的,不承担法律责任。
特点:
侵害的现实性和非法性:必须存在实际且非法的侵害行为。
防卫的适度性:防卫行为应与侵害行为的性质和程度相适应,不得超过必要的限度,仅足以制止侵害。
(2)防卫过当
防卫过当是指防卫行为虽然基于不法侵害,但所采取的措施超过了制止侵害所必需的限度,造成不应有的重大损害的行为。这种防卫行为虽然基本上是出于自卫的目的,但由于适度性不足,不能完全免责,可能承担一定的法律责任。
特点:
超越必要限度:防卫行为超出了阻止侵害所必需的程度。
造成不当损害:结果上造成了超出预期防卫目的的损害。

（3）例证说明

假设甲在夜间回家途中，被乙持刀抢劫。甲为了自卫，从乙手中夺刀，并在争夺中不得已将乙刺伤，导致乙受伤。若甲的行为仅仅是为了制止乙的攻击，并且没有更安全的方法来避免伤害，这种行为符合正当防卫的构成要件，甲不承担刑事责任。

相反，如果在乙已经放下刀并试图逃跑的情况下，甲仍然追上前去将乙刺伤，这种行为则可能被认为是防卫过当。虽然起初甲的行为是出于自卫的目的，但追击并攻击已经放弃抵抗的乙，超过了制止侵害所必需的限度，因此甲可能会因此承担法律责任。

通过这个例证可以看出，正当防卫与防卫过当的关键区别在于行为的适度性和是否严格限于必要防卫的范围内。在法律实务中，准确评估防卫行为是否适度，是区分这两种情形的核心。

根据 AI 对正当防卫和防卫过当的解释，我们已经了解它们之间的具体区别。如果仍有不明白的地方，我们可以继续向 AI 提问，如"请你继续为我讲解防卫过当的超越必要限度这一特点"，它会给出如下回复。

答：

超越必要限度是判断防卫行为是否构成防卫过当的核心标准。这一概念体现在防卫行为的强度、手段及其对侵害者所造成后果的严重性超过了阻止不法侵害所必需的程度。

超越必要限度的特点分析：

（1）强度与手段的不相称

防卫行为的强度和使用的手段应与侵害的性质及危险程度相适应。如果防卫措施远远超出了制止侵害所需的强度，例如使用致命武器回应非致命的攻击，这可能构成超越必要限度。

（2）后果的不必要性

在防卫行为中，如果可以通过较为温和的方式避免或减少侵害，而选择了更加激烈或致命的方式，其结果导致不必要的严重伤害或死亡，这种行为通常被视为超越了防卫的必要限度。

（3）情境的考量

判断防卫是否超越必要限度，需要考虑防卫行为发生的具体情境。例如，对方的攻击是否即将结束、防卫者是否有其他逃避或阻止侵害的方式等因素。如果在侵害已明显减弱或结束时仍采取过激措施，这可能被判定为过当。

(4) 心理状态的影响

防卫者在极度恐惧或紧张的情况下可能无法准确判断行为的适当性。法律在实践中通常会考虑这种心理状态对行为人判断力的影响，但这不是免责的理由，只是在判定责任时可能考虑的一个因素。

法律评估和实际应用

在法律实践中，评估防卫行为是否超越了必要限度，通常需要通过法庭对案件具体事实的全面审理。法官或者陪审团将考虑所有相关证据和情况，如双方的行为模式、当时的环境、防卫者的主观心理状态以及可能的选择等，来决定是否构成防卫过当。

因此，理解和应用"超越必要限度"的概念不仅涉及法律知识的掌握，还需要具有对具体案件情境的判断力。在法律考试和实务操作中，对这一点的深入理解和应用能力是非常关键的。

5.3.2 帮助构建知识体系

法律学习必须构建知识体系。构建完整的知识体系有利于了解知识的整体框架，了解各部分知识之间的联系。掌握课程的知识体系，就能在解读大题时不丢知识点，使答案更具条理性。

构建知识体系是一个非常复杂的过程，我们可以求助 AI，比如让 AI 讲解故意犯罪的发展过程，并绘制流程图。

问：
请详细讲解故意犯罪的发展过程。

答：
故意犯罪的发展过程可以分为几个阶段：开始、预备阶段、着手实行阶段、实行阶段和既遂。这些阶段分别描述了犯罪行为从意图产生到最终完成的各个步骤。

(1) 开始阶段

在这个阶段，犯罪者有了犯罪的意图或动机，但还没有付诸任何具体的行动。这是一个心理上的过程，表现为内心的犯罪决心和计划。例如，一个人决定要进行盗窃并开始考虑如何实施，但还没有采取任何实际的准备措施。

（2）预备阶段

预备阶段是犯罪者为实现犯罪目的进行准备的阶段。此时，犯罪者开始采取一些具体行动，为犯罪的实施做准备。这些行动包括但不限于购买犯罪工具、踩点、制订具体计划等。然而，这些行为本身并未直接侵害法律所保护的客体，因此在法律上通常只对预备行为较重的犯罪进行处罚。例如，一个人购买了用于盗窃的工具并勘察了目标地点。

（3）着手实行阶段

在着手实行阶段，犯罪者开始实施犯罪行为，这是犯罪的关键节点。犯罪者的行为已经越过了预备的界限，进入实际实施的阶段。例如，一个人在夜晚潜入目标建筑，开始破门而入。这一阶段的行为通常已经对法律保护的客体产生了实际威胁或侵害，因此在刑法上，这些行为通常构成犯罪的实行行为，可以直接追究刑事责任。

（4）实行阶段

实行阶段是犯罪行为的具体实施过程，犯罪者的行为已经开始侵害法律保护的客体，并且这种侵害是实际而具体的。实行行为可能会受到阻碍、被发现或因其他原因而未能完成。例如，一个人已经进入目标建筑并开始搜索财物，但在这个过程中被发现或逃走。

（5）既遂

既遂是指犯罪者的行为完全实现了其犯罪意图，并造成了法律所不允许的结果。在这个阶段，犯罪行为已经完成并对法律保护的客体造成了实际损害。例如，一个人成功盗取了财物并逃离现场。既遂是犯罪行为发展的最终结果，表明犯罪者的行为已经完全达到其预定的犯罪目的。

综上所述，故意犯罪的发展过程涵盖了从内心产生犯罪意图到最终实现犯罪目的的各个阶段。每个阶段的具体行为和法律后果可能有所不同，但总体上体现了犯罪行为从抽象的意图到具体的实施再到产生结果的完整过程。

在 AI 讲解了故意犯罪的发展过程后，可以进一步让 AI 绘制故意犯罪发展过程流程图，比如向 AI 提问："请你帮我把故意犯罪发展过程的流程图画出来，方便记忆。"AI 的回答如下。

答：
故意犯罪发展过程的流程图

```
+------------------+
| 1.开始阶段       |
| (犯罪意图产生)   |
+------------------+
         |
         v
+------------------+
| 2.预备阶段       |
| (准备犯罪行为)   |
+------------------+
         |
         v
+------------------+
| 3.着手实行阶段   |
| (开始实施犯罪)   |
+------------------+
         |
         v
+------------------+
| 4.实行阶段       |
| (犯罪行为实施中) |
+------------------+
         |
         v
+------------------+
```

```
| 5.既遂      |
| (犯罪完成) |
+---------------------+
```

故意犯罪的发展过程流程图如下:

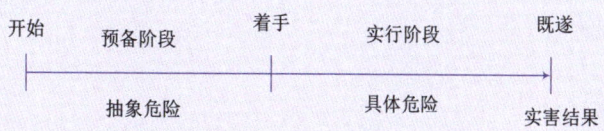

这是一张关于故意犯罪发展过程的流程图。它展示了从犯罪意图的产生到最终实现犯罪目的的各个阶段,具体如下。

开始阶段:犯罪意图或动机产生,但未采取任何具体行动。

预备阶段:为实现犯罪目的进行准备,如购买工具、踩点等。

着手实行阶段:开始实施犯罪行为,越过预备界限。

实行阶段:具体实施犯罪行为,侵害法律保护的客体。

既遂:犯罪行为完成,达到预定犯罪目的。

通过这个流程图,你可以更直观地理解故意犯罪的发展过程,便于记忆和应用。

简单的流程图画好了,非常直观,方便我们记忆。那对于复杂的框架图,AI 是不是也可以帮助我们生成呢?我们以"刑罚的体系"中"刑事责任的承担方式"为例,询问 AI,对话如下。

问:

请你帮我绘制出刑事责任的承担方式的框架图。我只记得有主刑、附加刑还有非刑罚处罚措施。

答:

为了归纳刑事责任的承担方式,可以将其框架图分为三个主要部分:第一部分为主刑、附加刑,第二部分为非刑罚处罚措施,第三部分为单纯宣告有罪。以下是一个简要的框架图描述。

刑事责任的承担方式：

刑罚措施

（1）主刑

死刑

无期徒刑

有期徒刑

拘役

管制

（2）附加刑

罚金

剥夺政治权利

没收财产

驱逐出境（适用于外国人）

非刑罚处罚措施：

（1）教育矫正

社区矫正

司法社会工作

（2）行政处罚

罚款

拘留

（3）民事责任

赔偿损失

（4）治安管理处罚

治安拘留

警告

单纯宣告有罪：

（1）免予刑事处罚

（2）有条件不起诉

我将根据上面的内容，为您生成框架图。

第 5 章 AI 助力法律考试和进阶学习

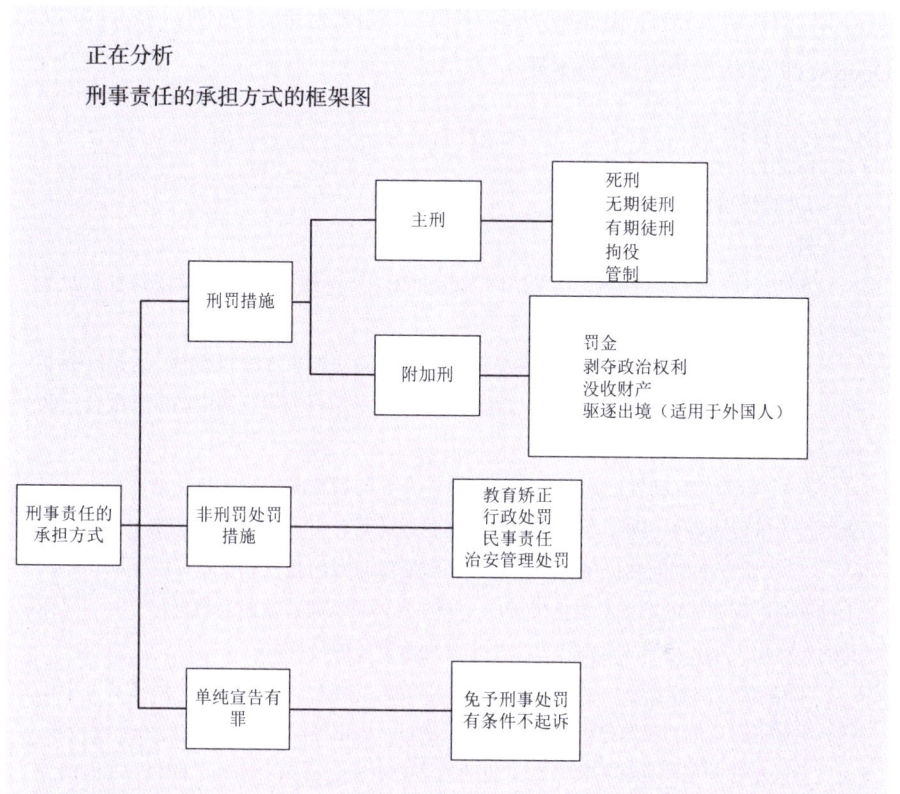

这是一个展示刑事责任的承担方式的框架图，展示了刑罚措施、非刑罚处罚措施和单纯宣告有罪的分类和具体内容。希望对你有所帮助。

5.3.3 知识要点详细讲解

法律人需要充分理解法律条文的内容、司法解释等知识要点，在理解法律知识要点上，AI 可以提供一些帮助。

以 DeepSeek 为例，其训练了大量的学习数据，并且集成了"联网搜索"功能。当我们向它提出问题时，它可以利用其强大的理解和表达能力来解答我们的问题。

以《中华人民共和国刑法》中的"共同犯罪"为例,我们可以让 DeepSeek 分析共同犯罪的本质。

> **问:**
> 共同犯罪的本质是什么?
>
> **答:**
> 共同犯罪,在刑法领域,指的是两人或两人以上共同实施犯罪行为。这种犯罪形态的本质体现在几个关键方面。
> (1)共同意图:共同犯罪的参与者必须有共同的犯罪目的和意图。这是区分共同犯罪与单独犯罪的核心标准,参与者间需有事先的协议或者行为中的默契配合,共同完成犯罪行为。
> (2)行为的互动性:共同犯罪的行为涉及参与者之间的协作与互动。每个参与者的行为虽可能各不相同,但都必须对整体犯罪活动有实质性的促进作用。
> (3)责任的共同性:在共同犯罪中,即使参与者的角色和贡献程度不同,原则上他们对共同犯罪的结果承担连带责任。但在具体量刑时,法院会根据每个人的具体行为、作用大小和犯罪故意的程度来决定其刑事责任的轻重。
> (4)区分的必要性:尽管共同犯罪强调的是群体行为的一体性,刑法实务中依然需要对不同角色的犯罪分子进行区分,如主犯、从犯等,以确保刑罚的公平与合理。
> 共同犯罪的刑法处理不仅考虑了犯罪的客观事实,还深入分析了行为人之间的关系和相互作用。这种犯罪形式的认定和量刑,对法律实务和刑事政策的制定都具有重要意义,因为它关系到如何公正地评估和处理多方参与的复杂犯罪行为。

对于这些知识点,AI 可以提供清晰的解释。如果我们觉得这些解释比较抽象,可以让 AI 提供具体的例子,比如询问 AI:"请列举一个详细的案例来解释正当防卫。"

> **问:**
> 请列举一个详细的案例来解释正当防卫。
>
> **答:**
> 以下是一个详细的案例,通过分析其情节来解释正当防卫在刑法中的应用。

案例背景

张某（男性，30 岁）与李某（男性，28 岁）是邻居，两人因琐事产生矛盾。某日，李某酒后持刀闯入张某家中，扬言要伤害张某。张某见状，试图劝阻但未果。在李某持刀逼近的情况下，张某拿起家中的一根木棍进行防卫，在这个过程中将李某打伤。

正当防卫的法律分析

根据《中华人民共和国刑法》第 20 条，正当防卫是指为了使国家、公共利益、本人或者他人的人身、财产和其他权利免受正在进行的不法侵害，而对不法侵害人采取的制止不法侵害的行为。正当防卫不负刑事责任。

（1）不法侵害的存在

在本案例中，李某持刀闯入张某家中，并扬言要伤害张某。这一行为已经构成了明显的不法侵害。

（2）不法侵害正在进行

李某持刀逼近张某，威胁立即的人身安全，不法侵害是正在进行的。此时，张某采取防卫措施具有现实必要性。

（3）防卫行为的必要性

张某试图劝阻李某但未果，面对持刀逼近的危险，张某为了保护自身安全，使用木棍进行防卫是必要的措施。在此情境下，张某没有其他更安全或更温和的方式制止李某的不法侵害。

（4）防卫行为的适度性

正当防卫的行为必须与不法侵害的强度和紧迫性相适应。张某在紧急情况下使用木棍防卫，且只是将李某打伤，没有造成更严重的后果。防卫行为与侵害行为的危险性和紧迫性相适应。

结论

综上所述，张某的行为符合正当防卫的条件。他在面对李某持刀威胁时，为了保护自身安全，使用木棍进行防卫的行为是合法的，不应承担刑事责任。此案例说明了正当防卫在刑法中的应用原则，即必须有不法侵害存在，防卫行为具有必要性和适度性。

AI 所做的解释和列举的案例，只是帮助我们理解相关的概念，案例是虚构的，仅供参考。

第4节 秒变专业解题达人

5.4.1 AI解析客观题

AI能解析题目吗,无论是法考的题目还是法律硕士考试的题目?接下来,我们分别从单向选择题与多项选择题两方面讲解。

1. AI解析单项选择题

以2016年国家司法考试(卷二)中关于"正当防卫和紧急避险"的选择题目为例,看看AI能否回答正确。

> **问:**
> 我有一个关于正当防卫和紧急避险认定的单项选择题。请选出正确答案,并讲解原因。
> 题目如下:
> 关于正当防卫与紧急避险,下列哪一选项是正确的?
> A. 为保护国家利益实施的防卫行为,只有当防卫人是国家工作人员时,才成立正当防卫
> B. 为制止正在进行的不法侵害,使用第三者的财物反击不法侵害人,导致该财物被毁坏的,对不法侵害人不可能成立正当防卫
> C. 为摆脱合法追捕而侵入他人住宅的,考虑到人性弱点,可认定为紧急避险
> D. 为保护个人利益免受正在发生的危险,不得已也可通过损害公共利益的方法进行紧急避险
>
> **答:**
> 关于正当防卫与紧急避险,下列哪一选项是正确的? 正确答案是D。

第 5 章 AI 助力法律考试和进阶学习

解释如下。

选项 A：

为保护国家利益实施的防卫行为，只有当防卫人是国家工作人员时，才成立正当防卫。

错误原因：

正当防卫是法律赋予公民的权利，不限定防卫人必须是国家工作人员。任何人都有权为了保护国家、公共利益或个人合法权益实施正当防卫。只要行为符合正当防卫的条件（即行为必须是为了制止正在进行的不法侵害，且防卫手段和程度与所保护的利益相当），就可以成立正当防卫。

选项 B：

为制止正在进行的不法侵害，使用第三者的财物反击不法侵害人，导致该财物被毁坏的，对不法侵害人不可能成立正当防卫

错误原因：

正当防卫的目的是制止不法侵害，使用第三者的财物反击不法侵害人，只要符合正当防卫的条件（即制止不法侵害的必要性和适当性），对不法侵害人仍然可以成立正当防卫。第三者的财物在这种情况下被毁坏，应视为正当防卫的结果，不影响正当防卫的成立。

选项 C：

为摆脱合法追捕而侵入他人住宅的，考虑到人性弱点，可认定为紧急避险

错误原因：

紧急避险是指为了保护更大的合法利益，在迫不得已的情况下，对较小的利益造成损害的行为。而合法追捕是依法进行的，不能构成紧急避险的理由。侵入他人住宅逃避合法追捕，不符合紧急避险的要件，因此不能认定为紧急避险。

选项 D：

为保护个人利益免受正在发生的危险，不得已也可通过损害公共利益的方法进行紧急避险

正确原因：

紧急避险是指在合法权益受到现实和紧迫的危险时，为了保护更大的合法利益，不得已损害较小利益的行为。这里所说的"不得已"强调的是在没有其他选择的情况下采取的行为，且该行为必须符合比例原则，即损害较小利益是为了保护更大的合法

利益。在某些特殊情况下，个人利益的保护可能需要暂时损害公共利益，但必须符合法律规定的比例和必要性原则。

因此，选项 D 是正确的。

根据 AI 的解释，我们可以清楚地认定正当防卫和紧急避险。如果想进一步详细了解某个错误选项的错误原因，可以继续向 AI 提问。

问：
请再具体解释一下"为保护国家利益实施的防卫行为，只有当防卫人是国家工作人员时，才成立正当防卫"为什么是错误的？

答：
为保护国家利益实施的防卫行为，并不需要防卫人是国家工作人员，才成立正当防卫。任何公民在合法范围内都有权进行正当防卫，无论他们的身份如何。具体解释如下。

（1）正当防卫的基本原则

正当防卫是指为了保护国家、公共利益、本人或者他人的人身、财产和其他权利，制止正在进行的不法侵害，并且没有超出必要限度的行为。

（2）适用正当防卫的主体

正当防卫的主体没有特别限制，任何人都可以在合法权益受到侵害时进行正当防卫。法律并没有规定只有国家工作人员才能进行保护国家利益的防卫行为。

（3）法律依据

根据《中华人民共和国刑法》第二十条的规定：

正当防卫权：任何人对于正在进行的不法侵害，可以采取正当防卫手段进行反击，以保护自己或他人的合法权益。

不限主体：正当防卫的权利适用于所有公民，法律没有规定只有国家工作人员才能行使正当防卫权。

（4）误解的原因

存在误解的原因可能是有人认为保护国家利益是一项国家职责，因此只有国家工作人员才能进行相关防卫。然而，法律上并没有这样的限制，任何人都有义务和权利在合法范围内保护国家和公共利益。

（5）实际应用

在实际应用中，如果一个普通公民看到有不法分子正在损害国家利益，比如破坏公共设施或实施恐怖活动，他有权进行正当防卫。这种防卫行为同样受到法律保护，只要行为符合正当防卫的基本条件。

（6）总结

因此，选项 A 中的观点是错误的。为保护国家利益实施的防卫行为，不论防卫人是否是国家工作人员，只要行为符合正当防卫的条件，就可以成立正当防卫。

2. AI 解析多项和不定项选择题

AI 在单项选择题上的表现不错，那它是否可以解答多项和不定项选择题呢？我们可以询问 AI 一道 2013 年国家司法考试（卷二）中关于犯罪故意、过失和认识错误认定的多项选择题。

问：

我有一个关于犯罪故意、过失和认识错误认定的多项选择题，请选出正确答案，并讲解原因。①

关于犯罪故意、过失与认识错误的认定，下列哪些选项是错误的？

A. 甲、乙是马戏团演员，甲表演飞刀精准，从未出错。某日甲表演时，乙突然移动身体位置，飞刀掷进乙胸部致其死亡。甲的行为属于意外事件。

B. 甲、乙在路边争执，甲推乙一掌，致其被路过车辆轧死。甲的行为构成故意伤害（致死）罪。

C. 甲见楼下没人，将家中一块木板扔下，不料砸死躲在楼下玩耍的小孩乙。甲的行为属于意外事件。

D. 甲本欲用斧子砍死乙，事实上却拿了铁锤砸死乙。甲的错误属于方法错误，根据法定符合说，应认定为故意杀人既遂。

---

① 列出这个题目考查的知识点，是为了方便 AI 精准地搜寻它的数据库。

答:

对于犯罪故意、过失与认识错误的认定,下列哪些选项是错误的?正确答案及其原因如下。

A. 甲、乙是马戏团演员,甲表演飞刀精准,从未出错。某日甲表演时,乙突然移动身体位置,飞刀掷进乙胸部致其死亡。甲的行为属于意外事件。

解释:

甲在表演飞刀时,乙突然移动身体位置导致被飞刀刺中死亡。此情形下,甲的行为属于意外事件,因为甲无法预见乙会突然移动。意外事件是指行为人在客观上发生了危害结果,但在主观上既无故意也无过失。

B. 甲、乙在路边争执,甲推乙一掌,致其被路过车辆轧死。甲的行为构成故意伤害(致死)罪。

解释:

甲在路边争执中推乙一掌,乙被路过车辆轧死。此时,甲的行为不能构成故意伤害(致死)罪。甲主观上没有致死乙的故意,客观上乙的死亡是由于被车辆轧死而非甲的推掌直接导致。因此,甲的行为应定性为过失致人死亡。

C. 甲见楼下没人,将家中一块木板扔下,不料砸死躲在楼下玩耍的小孩乙。甲的行为属于意外事件。

解释:

甲见楼下没人,将木板扔下,砸死了楼下玩耍的小孩乙。这种情况下,甲的行为不属于意外事件,而属于过失致人死亡。甲在扔木板时没有尽到应有的注意义务,未预见到可能的危害结果,但应当预见到,属于过失行为。

D. 甲本欲用斧子砍死乙,事实上却拿了铁锤砸死乙。甲的错误属于方法错误,根据法定符合说,应认定为故意杀人既遂。

解释:

甲本欲用斧子砍死乙,事实上却拿了铁锤砸死乙。甲主观上对实害对象及结果(乙的死亡)是持有故意心理的,所以不属于方法错误,甲使用工具有认识错误,但是认识错误不重要,而且方法错误不是指实用工具有错误,根据法定符合说,方法错误不影响故意的成立和评价。因此,甲的行为应认定为故意杀人既遂。D 也是错误的。

根据以上解释,正确答案为:

B C D

第 5 章　AI 助力法律考试和进阶学习

不定项选择题和多项选择题的解答方式类似，在此不再一一列举。AI 会把每个选项都详细讲解一遍，我们可以根据它的解答内容了解每个选项正确或错误的原因。AI 可以准确解答选择题，接下来我们可以让 AI 给出选择题的做题技巧。

> **问：**
> 我正在准备法考，解答客观题有什么技巧呢？
>
> **答：**
> 法考的客观题包括单项选择题、多项选择题及不定项选择题，考生可采取以下策略以提高答题效率和正确率。
>
> 熟悉题型结构：理解不同题型的特点和要求。例如，单项选择题通常要求选出一个正确选项，而多项选择题要求选出多个正确答案。不定项选择题则更复杂，因为正确选项的数量不固定。
>
> 快速阅读和标记：在初次阅读题目时快速识别关键词和法律概念，同时对可能的答案进行初步判断。标记不确定的问题，在完成所有题目后回头再次审查。
>
> 排除法：在面对选择题时，先排除明显错误或不相关的选项，这可以提高选择正确答案的概率。
>
> 细读题干和选项：确保完全理解题目意图及每个选项的细微差别。特别是在法律语境中，细节往往关系到答案的正确与否。
>
> 时间管理：合理分配时间，避免在某个题目上花费过多时间。一般建议对每题分配固定时间，并留出足够的复查时间。
>
> 复习重点法律条文：客观题往往直接考查对法律条文的理解和应用，因此复习时应重点掌握相关法律条文及其应用。
>
> 模拟练习：多做历年真题或模拟题，可以提高对题型的熟悉度和解题速度，也有助于发现知识盲点，进行针对性复习。

5.4.2　ChatGPT 解析主观题

在法考中，通过了客观题考试，还有主观题考试。主观题考试包括案例分析、法律文书、论述题等题型，涉及法治思想、法理学、宪法、刑法、刑事诉讼法、民法典、商法、民事诉讼法（含仲裁制度）、行政法、行政诉讼法、司法制度和法律职业道德等。法律文书的写作前面已经讲过。接下来主要讲解案例分析和论述题。

以 2019 年法考中的主观题（内容有适当的缩减与改编）为例[①]，看看 AI 能否为我们解答。

> **问：**
> 案例如下：
> 1995 年，甲市洪某与蓝某合谋抢劫，事前两人进行了商议，做了详细规划。到了两人约定的那天后，洪某按时间到达了现场，但蓝某迟迟未出现。洪某决定自己单独实施抢劫，于是用凶器攻击赵某的头部，赵某被击倒后昏迷不醒。此时蓝某出现，和洪某一起拿走了赵某的两万元财物后，蓝某先行离去。洪某以为赵某已经死亡，单独将赵某抛弃到水库里导致赵某溺亡。后洪某为求生计，前往乙市从事保险工作。
> 2005 年，洪某回到甲市生活，想要开办自己的公司。遂伪造了虚假的产权证明，向 A 银行贷款 30 万元用于公司经营。后由于经营不善且贷款难以偿还，洪某心生邪念，心想 B 公司作为租车公司，车上装有 GPS，如果他将车开出去质押，超过一定时间 B 公司发现车子的问题还可以找到，就不算犯罪。因此，洪某与 B 公司签订了租车合同并交付了租金，租用了一辆奥迪车，随后伪造奥迪车的相关证明文件，去 C 小贷公司要求贷款。C 小贷公司负责人孙某受骗，接受了洪某的出质请求，但未办理质权登记，借给了洪某 50 万元。奥迪车超期未归，B 公司通过 GPS 发现了车子的位置并于深夜将其开走。孙某发现自己受骗，洪某用借款 50 万元偿还了银行的贷款 30 万元。
> 洪某通过公安部在网上公布的通缉公告知道了公安部并未掌握他 1995 年的犯罪事实。他找到甲市环保局局长白某，并给了白某 5 万元，试图让他为自己说情。白某与公安局副局长李某联系，李某假意答应，但通过联系白某套取了洪某的住所，在第二天带领警察将洪某抓捕归案。在讯问中，洪某承认自己对 C 公司的诈骗罪，否认对 B 公司的合同诈骗，并未如实交代自己 1995 年的犯罪事实。但同时交代了自己的另一桩罪行，检举了黄某和程某的犯罪过程。
> 洪某交代的另一桩犯罪事实发生于 ×× 年 ×× 月，他进入政府部门办公室，发

---

① 本题目节选自 2019 年刑法主观题真题。

现办公桌上有一个信封，趁无人之际将其拿走。打开后发现里面有8000元现金和一张信用卡。洪某拿取现金后将信用卡交给其妻青某："这是我捡来的信用卡，你拿去商城买点衣服吧。"青某对于该卡的来源并不知情，也未按照嘱咐去商场买衣服，而是去自动提款机上拿取了4万元，对此洪某并不知情。洪某称黄某与程某的犯罪事实是他在和程某喝酒时，程某酒醉说出的。当时黄某要求程某去伤害自己的前妻周某，程某问伤害到什么程度，黄某说伤她一条手臂即可，事成之后给程某40万元。黄某先行支付了10万元，程某按约前往小巷堵住周某去路，大喊有人雇我来伤你，给我40万元，不然我真照做了。"周某对此表示不信，程某掏出水果刀去刺周某，周某慌乱中用手臂抵挡导致轻伤。但周某身患白血病，因血流不止而身亡。程某对此并不知情，而黄某却一清二楚。

事后程某向黄某讨要报酬，黄某说我只是让你伤她你却杀了她，没钱给你。程某气急败坏地离去。在公安机关的持续讯问下，洪某最终交代了自己于1995年所犯的罪行（公安机关知晓该案件，却没有特定的犯罪嫌疑人人选）。

问题如下：

请按照案情描述顺序分析各犯罪嫌疑人所犯罪行的性质、犯罪形态与法定量刑情节及其他需要说明的问题，并陈述理由。

答：

根据案件的描述，涉及多名犯罪嫌疑人，包括洪某、蓝某、孙某、白某、李某、青某、黄某和程某等人。以下将按照案情描述顺序，分析各犯罪嫌疑人的犯罪性质、犯罪形态、法定量刑情节及其他相关问题。

（1）洪某的犯罪行为

① 1995年合谋抢劫

犯罪性质：洪某与蓝某共同策划并实施了抢劫犯罪。洪某独自实施抢劫并造成赵某死亡，属于"抢劫致死"的犯罪行为。

犯罪形态：属于"未遂抢劫"到"成功抢劫"转化。最初，洪某与蓝某合谋实施抢劫，但蓝某未到场，洪某决定独自实施抢劫。虽然蓝某后来与洪某共同拿走了赵某财物，但根据犯罪结果来看，洪某最终致赵某死亡，构成"抢劫致死"。

法定量刑情节：

《中华人民共和国刑法》第二百六十三条【抢劫罪】以暴力、胁迫或者其他方法抢劫公私财物的，处三年以上十年以下有期徒刑，并处罚金；有下列情形之一的，处十年以上有期徒刑、无期徒刑或者死刑，并处罚金或者没收财产：

（一）入户抢劫的；

（二）在公共交通工具上抢劫的；

（三）抢劫银行或者其他金融机构的；

（四）多次抢劫或者抢劫数额巨大的；

（五）抢劫致人重伤、死亡的；

（六）冒充军警人员抢劫的；

（七）持枪抢劫的；

（八）抢劫军用物资或者抢险、救灾、救济物资的。

根据以上法律条文，洪某在抢劫中使用了凶器，且造成了受害人死亡，刑罚应当较重。

争议：蓝某是否应当承担全部抢劫罪行，是否应单独追责洪某构成抢劫致死。此争议主要看蓝某是否在抢劫实施的过程中有参与，如有直接参与，则应共同承担刑事责任。

②伪造产权证明贷款诈骗

犯罪性质：伪造产权证明，意图从 A 银行贷款 30 万元。属于"伪造证件罪"及"诈骗罪"。

犯罪形态：属于诈骗行为，通过伪造证件获得不正当经济利益。

法定量刑情节：

《中华人民共和国刑法》第二百八十条【伪造、变造、买卖国家机关公文、证件、印章罪】【盗窃、抢夺、毁灭国家机关公文、证件、印章罪】伪造、变造、买卖或者盗窃、抢夺、毁灭国家机关的公文、证件、印章的，处三年以下有期徒刑、拘役、管制或者剥夺政治权利，并处罚金；情节严重的，处三年以上十年以下有期徒刑，并处罚金。

【伪造公司、企业、事业单位、人民团体印章罪】伪造公司、企业、事业单位、人民团体的印章的，处三年以下有期徒刑、拘役、管制或者剥夺政治权利，并处罚金。

【伪造、变造、买卖身份证件罪】伪造、变造、买卖居民身份证、护照、社会保障卡、驾驶证等依法可以用于证明身份的证件的，处三年以下有期徒刑、拘役、管制或者剥夺政治权利，并处罚金；情节严重的，处三年以上七年以下有期徒刑，并处罚金。

第二百八十条之一 【使用虚假身份证件、盗用身份证件罪】在依照国家规定应当提供身份证明的活动中，使用伪造、变造的或者盗用他人的居民身份证、护照、社会保障卡、驾驶证等依法可以用于证明身份的证件，情节严重的，处拘役或者管制，并处或者单处罚金。

有前款行为，同时构成其他犯罪的，依照处罚较重的规定定罪处罚。

根据以上法律条文，伪造证件的，处 3 年以下有期徒刑或者拘役；诈骗罪则依据金额大小，构成"重大"或"特别重大"诈骗。

③合同诈骗与贷款诈骗

犯罪性质：洪某通过伪造汽车相关文件进行贷款，涉及伪造文件和诈骗。

犯罪形态：属于"合同诈骗罪"，即通过虚假文件骗取他人财产。

法定量刑情节：诈骗金额 50 万元，刑罚较重，可以判处 5 年以上有期徒刑。

④行贿白某

犯罪性质：行贿罪。

犯罪形态：行贿白某 5 万元，希望通过行贿行为改变法律后果。

法定量刑情节：

《中华人民共和国刑法》第三百九十条【行贿罪的处罚规定】对犯行贿罪的，处三年以下有期徒刑或者拘役，并处罚金；因行贿谋取不正当利益，情节严重的，或者使国家利益遭受重大损失的，处三年以上十年以下有期徒刑，并处罚金；情节特别严重的，或者使国家利益遭受特别重大损失的，处十年以上有期徒刑或者无期徒刑，并处罚金或者没收财产。

有下列情形之一的，从重处罚：

（一）多次行贿或者向多人行贿的；

（二）国家工作人员行贿的；

（三）在国家重点工程、重大项目中行贿的；

（四）为谋取职务、职级晋升、调整行贿的；

（五）对监察、行政执法、司法工作人员行贿的；

（六）在生态环境、财政金融、安全生产、食品药品、防灾救灾、社会保障、教育、医疗等领域行贿，实施违法犯罪活动的；

（七）将违法所得用于行贿的。

行贿人在被追诉前主动交待行贿行为的，可以从轻或者减轻处罚。其中，犯罪较轻的，对调查突破、侦破重大案件起关键作用的，或者有重大立功表现的，可以减轻或者免除处罚。

根据以上法律条文，行贿数额较大，可能判处有期徒刑，量刑时会依据行贿数额及是否有从轻处理情节。

⑤信息披露与洗钱等行为

洪某还涉及伪造身份文件及与虚假交易有关的洗钱行为，但目前没有进一步证据揭示。

（2）蓝某的行为

1995年抢劫：

犯罪性质：与洪某共同策划并实施抢劫行为。尽管蓝某未在犯罪现场出现，但其参与了抢劫的后期，具有犯罪共谋行为。

犯罪形态：属于共同犯罪。在抢劫过程中，蓝某与洪某共同带走了赵某的财物，构成抢劫罪。

法定量刑情节：根据蓝某的参与程度及抢劫的后果，蓝某应承担抢劫罪，可能面临较轻的刑罚，但如果其也参与了赵某的死亡，可以被判处较重刑罚。

（3）孙某的行为

诈骗罪：

犯罪性质：孙某未办理质权登记而将50万元贷款给洪某，构成"诈骗罪"。

犯罪形态：孙某作为金融机构的负责人，未尽到对贷款人的审查责任，导致损失发生。

法定量刑情节：孙某虽然未直接为洪某提供伪造文件，但未依法履行职责，致使损失发生。可能受到轻刑，但具体依据审查情节判断。

（4）青某的行为

盗窃罪与信用卡盗用：

犯罪性质：青某并未知悉信用卡来源，但其擅自取款4万元，涉嫌"盗窃罪"或"信用卡盗用"。

犯罪形态：青某的行为属于擅自提取他人财物，构成盗窃或信用卡盗用行为。

法定量刑情节：若以盗窃罪论，依据数额大小，可以处3年以下有期徒刑、拘役。

（5）黄某与程某的行为

雇凶伤人致死：

犯罪性质：黄某雇佣程某伤害其前妻周某，但造成周某死亡，属于"故意杀人罪"。

犯罪形态：黄某的行为涉及教唆，程某执行伤害行为并造成死亡，属于"故意杀人"。

法定量刑情节：程某未预见后果，但程某直接导致周某死亡，应承担较重刑罚。

第 5 章　AI 助力法律考试和进阶学习

> （6）其他问题
> 　　洪某的最终行为：洪某的多重犯罪行为，及后期的逃亡、犯罪抛弃等行为，呈现出"累犯"特点，应加重惩罚。
> 　　证据及冤枉等问题：案件的多方证据，特别是洪某和程某的供述，展示了犯罪过程，法庭在审理时应注意证据是否充分、是否有辩护理由。
> 　　结论：
> 　　该案涉及多名犯罪嫌疑人，涉及抢劫、诈骗、行贿、盗窃、故意杀人等多个罪行。根据相关刑法规定，各犯罪行为的定性、法定量刑以及情节的从重或从轻判定应当依据犯罪的实际损害程度、犯罪嫌疑人的参与程度以及后果等综合因素进行判断。

　　AI 对主观题的分析非常精彩，它合理地区分了题目中的各个案件，并逐一进行了法律分析，避免了把不同案件的法律问题混为一谈。另外，AI 所使用的法律术语也是正确的。法考的主观题并没有固定的标准答案，根据 AI 的提示，校对它给出的法律名词和分析内容后，结合具体的案情，我们可以很快找到合理的论点并进行分析。

　　我们可以合理地使用 AI，使它成为我们学习中助力。比如，在上题中，我们分析洪某行贿案时，只写了简单的分析内容，便可以让 AI 根据我们的思路，来丰富答案。

> **问：**
> 　　对于洪某犯罪行为中的第 4 个犯罪行为，我认为洪某给了白某 5 万元，构成行贿罪的既遂，白某构成受贿罪的既遂。但是对于原因，我分析得不够完善，请帮我完善之所以这样定罪的原因。
> **答：**
> 　　对洪某与白某之间的行贿与受贿案件进行深入分析如下。
> （1）行贿罪（洪某）
> ①罪名成立要件
> 主体：行贿罪的主体是一般主体，任何年满 16 周岁具有刑事责任能力的人都可

131

以成为行贿罪的主体。洪某符合这一条件。

主观方面：洪某具有为谋取不正当利益而行贿的故意，包括直接故意和间接故意。洪某明确知道给付财物的目的，是获取白某的庇护，这种行为是直接故意。

客体：行贿罪侵犯的是国家机关正常管理活动。洪某的行为破坏了国家机关的正常管理秩序。

客观方面：洪某实施了给予国家工作人员财物的行为。洪某给付白某5万元，构成客观上的行贿行为。

②原因

洪某通过白某试图获得公安部门的庇护，从而避免其早年的犯罪事实被揭露。这种行为不仅是对法律的公然挑战，也是对国家机关廉洁性的严重损害。

③定罪标准

根据《中华人民共和国刑法》第三百八十九条规定，行贿罪以财物交付完成为既遂标准，不论对方是否接受或承诺为其谋取利益。洪某已将5万元交付白某，构成行贿罪既遂。

（2）受贿罪（白某）

①罪名成立要件

主体：受贿罪的主体是特殊主体，即国家工作人员。白某作为环保局局长，属于国家工作人员。

主观方面：白某具有利用职务便利收受财物，为他人谋取利益的故意。白某明知收受财物是为了为洪某说情，却依然接受，具有直接故意。

客体：受贿罪侵犯的是国家工作人员职务行为的廉洁性。白某的行为破坏了国家工作人员的职务廉洁性。

客观方面：白某利用职务便利，非法收受他人财物。白某接受了洪某的5万元财物，构成客观上的受贿行为。

②原因

白某接受贿赂，不仅违背了国家工作人员应有的廉洁义务，还可能导致法律执行不公，对社会产生恶劣影响。

③定罪标准

根据《中华人民共和国刑法》第三百八十九条规定，受贿罪以国家工作人员实际收受财物为既遂标准。白某已经接受了5万元，因此构成受贿罪既遂。

第 5 章 AI 助力法律考试和进阶学习

综上所述，洪某的行为符合行贿罪的全部构成要件，且已完成财物交付，构成行贿罪既遂。白某的行为符合受贿罪的全部构成要件，且已实际收受财物，构成受贿罪既遂。两者的行为均符合《中华人民共和国刑法》规定的构成要件和既遂标准，应依法追究其刑事责任。

需要注意的是，AI 所生成的内容仅供参考，最终应以实际的法律条文为准。AI 解释了什么是行贿罪和受贿罪，以及行贿罪和受贿罪的构成要件、定罪原因等。我们需要做的是根据上述解答，完善答案。

由于 AI 本身具备搜索功能，加之有大模型数据库的支撑，因此 AI 对主观题的回答是相对准确的。我们再以 2022 年法律硕士考试真题为例，继续询问 AI。

问：
假设你是一位参加法律硕士考试的学生，请回答下面的问题。
请简述肖像权合理使用的情形。

答：
根据《中华人民共和国民法典》第一千零二十条的规定，肖像权合理使用的情形包括以下几种。

个人学习、艺术欣赏、课堂教学或科学研究：在这些领域内，对已经公开的肖像进行必要范围内的使用是允许的。

新闻报道：在实施新闻报道时，不可避免地制作、使用或公开肖像权人的肖像，这种使用属于合理范围。

国家机关履行职责：国家机关在依法履行职责的过程中，在必要范围内制作、使用或公开肖像权人的肖像，该行为是被允许的。

展示特定公共环境：在无法避免的情况下，为展示特定的公共环境，制作、使用或公开肖像权人的肖像是合理的。

维护公共利益或肖像权人合法权益：在维护公共利益或肖像权人合法权益的过程中，制作、使用或公开肖像权人的肖像也是允许的。

这些情形均体现了在尊重个体肖像权的前提下，考虑到公共利益和社会功能的需

要,允许在特定条件下不经肖像权人同意使用其肖像。

AI对简述题的作答很有条理,对照参考答案可以看出它的回答比较精准。如果遇到论述题时,AI的答复是怎样的呢?仍以法律硕士考试真题为例。

问:
假设你是一位参加法律硕士考试的学生,请回答下面的问题。
试述《中华人民共和国民法典》践行"绿水青山就是金山银山"理念的规则体系。

答:
《中华人民共和国民法典》对环境保护的重视体现在其对绿色原则的系统性融入。《中华人民共和国民法典》通过明确规定"绿色原则",确立了民事法律关系中,当事人在行使权利与履行义务时必须遵循节约资源和保护生态环境的原则。此举不仅是对资源节约与生态环境保护的价值宣示,更是对这一理念的法律具体化与制度化,体现了法律对于生态文明建设的支持和推动。

首先,总则第九条作为绿色原则的法律依据,为所有民事活动设定了基本遵循,即任何民事行为都应当有利于资源的节约和生态环境的保护。这一规定将绿色原则上升到法典层面,为具体法律实施提供了方向和依据。绿色原则的核心在于调整民事主体的行为方式,引导其在经济活动中自觉采取对生态环境有益的行为模式。

进一步地,在物权编、合同编以及侵权责任编中,绿色原则被具体化,并形成了详细的规则体系。在物权编中,明确了在使用土地、处置物品等物权活动中,必须遵守节约资源和保护环境的要求。例如,不得违反国家规定弃置固体废物,不得非法排放污染物质等,确保物权的行使不对环境造成破坏。

在合同编中,规定了在合同履行过程中当事人应当避免资源浪费和环境污染,保护生态环境。这些规定不仅要求当事人在合同履行中注意保护生态,还通过法律责任的设定,强化了这一要求的执行力度。例如,如果合同的履行导致环境污染或生态破坏,当事人可能需要承担相应的法律责任。

在侵权责任编中,进一步强化了对环境保护的法律规制。设立了专门章节,对污染环境和破坏生态的行为规定了侵权责任,不仅包括民事赔偿责任,还包括恢复原状或其他形式的修复责任。通过对侵权行为的法律追责，促使民事主体在行为时更加谨慎，避免对环境造成不利影响。

此外，《中华人民共和国民法典》中关于生态环境损害的赔偿责任的规定，为环境保护提供了具体的法治手段。明确了国家机关或法定组织可以要求损害生态环境的侵权人承担修复责任，这不仅是对当事人行为的限制，也是一种对生态环境保护的法律保障。

通过这一系列规定，《中华人民共和国民法典》将"绿水青山就是金山银山"的理念转化为实际可操作的法律规则，使得环境保护不再仅仅是政策倡导，而是通过法律的形式，成为每个民事主体必须遵守的行为准则。这标志着中国环境法治的进一步成熟，也为全社会的可持续发展提供了坚实的法律基础。通过规范和引导，《中华人民共和国民法典》促使社会公众在日常生活和经济活动中自觉实践节约资源与保护环境的要求，共同构建和谐与可持续的社会环境。

第 6 章
AI 帮手帮助解答律师难题

2024 年大模型飞速发展，人工智能也在潜移默化地影响着传统的法律行业，大模型已经开始深入生活的方方面面，而随之而来的先进的算法和机器学习等技术，也可以帮助我们更高效地完成各种任务。在法律行业，AI 技术的使用，也为法律行业的消费升级建立了基础。

第 1 节　法律咨询新策略

法律咨询是法律服务的重要组成部分，但是之前传统的法律咨询经常因为时间和地点的限制，不能满足人们咨询的随时随地性。AI 技术的引入彻底改变了这一现状。比如，AI 能帮助法律人员解决法律咨询的难题。

相信每个法律工作者对法律咨询都不陌生。在律所的前台，每天都有人进行法律咨询，也许是离婚纠纷，也许是合同纠纷，也许是刑事案件，也许是民事案件，也许是行政案件。由于律师的擅长类别不同，导致前台接待头都大了，不知道要引导每个客户找哪个律师去解决问题。

第 6 章 AI 帮手帮助解答律师难题

在这种情况下，AI 来了，它完美地解决了客户法律咨询难的问题。我们可以尝试使用 AI 打造一个智能问答系统，让前台接待引导每位客户，使用这个系统，找到适合自己的律师。

我们可以利用 AI 做一个智能咨询系统，通过自动化方式，让客户可以个性化地找寻合适自己的咨询律师，这种高效的匹配服务大大节省了客户寻找合适律师的时间，同时能获得关于法律问题的初步建议。智能咨询系统还能展示律所的详细信息，包括律师的专业领域和成功案例等，让客户可以全面了解律所的能力和业绩。这不仅增加了透明度，也可以帮助客户做出更加明智的选择。对律师而言，通过客户和智能咨询系统的互动，可以了解客户的需求，从而可以把更多的时间和精力集中在复杂的案件上。这不仅提高了工作效率，还能确保在更需要专业知识的问题上提供高质量的服务。

我们要清楚，这个智能咨询系统主要通过自然语言的处理和语音识别技术来提高律所前台接待的智能化水平。

对于客户来说，法律问题都是比较深奥的。我们可以在这个智能的咨询系统里面加入一个语音识别的模块。就比如说客户走进律所，在这个智能咨询系统前面，对着它说出自己的需求，这个时候，我们的语音识别技术就能派上用场了，它就像一个听写助手，无论客户说的是普通话、方言还是外语，都可以实时地把客户的语音转化为文字。

当系统记录完客户的问题后，就可以翻阅大数据库，找到从事这个类别工作的律师，从以往的律师案件中找到相关的内容，为客户解答简单的问题，也可以直接给客户推荐律师。

我们举一个有离婚纠纷需要咨询的例子，客户走进来，说："我需要找一个擅长打离婚案件的律师。"这时，语音识别技术会迅速把这句话转换成文字。接下来，系统利用自然语言处理技术分析客户需求，从律师数据库中找到合适的律师，并用语音告诉客户："我们有一位非常擅长打离婚案件的律师，叫张律师，他工作经验丰富，客户评价很高。"具体如下。

客户：
你好，我有个离婚的事情，现在有点纠纷。我的老婆要跟我争夺孩子的抚养权。我想看看有什么办法，让我的胜算大一点？

系统：
为了确保您的权益得到最大化保护，建议您尽早联系一位专业的离婚律师，帮助您制定具体的策略和准备必要的法律文件。我们可以为您推荐一些经验丰富的律师，我们律所的张律师，他非常擅长离婚纠纷相关的案件，在2020–2024年，他所代理的离婚案件共有40起，胜诉率为98%。

需要查看相关的案件，请回复"查看案件"。
需要带您去找张律师，请回复"请带路"。
需要查看根据您的问题，给出的建议，请回复"建议"。

客户：
针对我现在的纠纷，您有什么建议？

系统：
您好，关于争夺孩子抚养权的问题，我们可以从以下几个方面来提高您的胜算：

孩子的最佳利益：法庭在决定抚养权时，最重要的考虑因素是孩子的最佳利益。您需要证明您能提供一个稳定、安全和有利于孩子成长的环境。包括良好的教育机会、健康的生活环境和情感上的支持。

现有的抚养安排：如果孩子已经在您的照顾下，并且适应良好，这会是一个有力的证据，表明孩子在您的监护下生活得很好。

财务状况：证明您有足够的财务能力来提供孩子所需的生活条件，包括住房、教育和医疗保健等。

时间安排和承诺：展示您有足够的时间和精力来照顾孩子的日常需求，包括陪伴孩子、监督作业、参加课外活动等。

家庭环境和支持系统：展示您有一个支持性的家庭网络或社区，可以在需要时提供帮助和支持。

孩子的意愿：在某些情况下，法庭会考虑年长孩子的意见。如果孩子希望与您生活在一起，这会对您的案件有利。

法庭记录和证据：确保所有相关的法庭记录、证据和证人证词都准备充分，以支持您的主张。

需要查看相关的案件，请回复"查看案件"。

需要带您去找张律师，请回复"请带路"。

客户：

好的，我找张律师，请带路。

系统：

好的，请您查看下图的指引。我已经帮您预约了张律师，他在2楼203室，你走右侧楼梯上楼左转第二个房间就是。

在这一过程中张律师的系统内也会有提示，他也能用语音系统了解客户需求。他可以对着系统说："请告诉我这位客户的具体情况。"系统会把客户的需求语音信息转换成文字，展示给张律师如下。

系统：

张律师您好，有一位有离婚纠纷的客户，系统已经帮您预约了10分钟后的会面。需要查看客户的基本信息吗？

张律师：

好的，请告诉我这位客户的具体情况。

系统：

您好，张律师，这是客户的信息。

姓名：张三

性别：男

年龄：36岁

婚姻状态：已婚

职业：软件工程师

配偶姓名：李四

婚姻时长：10年

子女情况：一子（8岁）
主要纠纷：财产分割、子女抚养权
联系方式：123-456-7890
住址：北京市朝阳区某小区
系统还提供了张三的一些背景信息和婚姻纠纷的具体细节，如有需要请告知……
张律师：
请推送大致诉求和相关证明材料。
系统：
张律师，以下是张三先生的具体诉求和相关证明材料。
大致诉求：
（1）财产分割：
诉求公平分配夫妻共同财产，包括位于北京市朝阳区的一处房产及银行存款。
（2）子女抚养权：
争取儿子张小三的抚养权，认为自己更有能力和条件抚养孩子。
相关证明材料：
（1）婚姻状况证明：
  - 结婚证复印件
（2）财产证明：
  - 房产证复印件
  - 银行存款明细
（3）子女抚养证明：
  - 儿子的出生证明
  - 儿子在校表现及成绩单
（4）工作及收入证明：
  - 张三的工作合同
  - 近一年工资单
（5）其他相关文件：
  - 婚内协议
以上信息和材料已经准备妥当，是否有其他需要进一步了解的内容？
……

第 6 章 AI 帮手帮助解答律师难题

通过智能咨询系统，张三找到了适合自己的律师——张律师。同时，张律师通过系统了解了张三的具体情况，对他们即将进行的会面做好了充分的准备，如下。

> **张律师：**
> 张先生，您好。我已经了解了您的基本情况和诉求，咱们可以详细谈谈您的离婚纠纷。您有什么具体的想法或者希望达成的目标吗？
>
> **张三：**
> 张律师，您好。我主要希望能公平分割财产，特别是房产的处理，还有我想争取儿子的抚养权，因为我觉得我能给他更好的生活和教育。
>
> **张律师：**
> 明白了。从您提供的材料来看，您在这方面确实有很好的条件。接下来，我会根据这些信息，为您制定一个详细的方案。我们会尽量帮您采取各种手段来解决问题。
>
> **张三：**
> 好的，非常感谢。希望通过您的帮助，能顺利解决这些问题。
>
> **张律师：**
> 放心吧，我会尽全力帮您争取最好的结果。您还有什么需要补充的或者特别关注的地方吗？
>
> **张三：**
> 目前就这些了，等您有了方案，我们再详细讨论。
>
> **张律师：**
> 好的，那我们保持联系，我会尽快给您反馈。祝您一切顺利。

我们可以看到，通过智能咨询系统，张三和张律师的初步沟通非常顺利，张三对自己的离婚纠纷有了更清晰的认知，而张律师也对案件有了全面的了解，为后续的工作打下了良好的基础。智能咨询系统的高效匹配和信息传递，可以为律师和客户的顺利对接提供极大的便利。

第 2 节　AI 助力判例解析研究

当我们在看一部电影的时候，突然电影中出现了之前看过的经典桥段，你可能会说："嗯，这个场景我之前在 XXX 里面看到过，那时候是怎么解决的呢？"其实，这种所谓的"经典的桥段"就可以说是法律工作中的判例。

判例，简单来讲，就是法院在审理案件之后做出的判决或者裁定。这些判决或者裁定有一定的法律效力和指导意义。所以说，研究这些判例，可能会对法律工作提供一些助力。那么，什么是判例解析研究呢？还拿电影来举例子，解析和研究其实就是我们看完这些经典电影片段之后，讨论那些深刻的场景，再分析为什么会这么拍，这样的拍摄手法对于剧情有什么影响等。判例解析研究就是对判例进行深入的分析和研究，看看这个判例是怎么来的，它的法律依据是什么，它对之后的类似案件有什么指导意义等。通过判例解析研究，我们可以更好地理解法律的规定和适用范围，了解法官在审理案件时的思路和考虑因素，从而更好地预测和处理类似案件。

判例解析研究其实非常困难，它要求在浩如烟海的判例中找到那个最匹配的，要准确地分辨出哪些是可以直接套用的，要确保你的案子和判例中的案子在每一个细节上都完全一致，还要能够灵活运用法律原则和规则来做出最合适的判决。这就像是一场需要综合运用各种能力的挑战，既要有耐心和洞察力，又要有严谨的逻辑和灵活的思维。

可以用这样一句话来概括判例解析研究的难点：我们就像大海捞针，但是又不能捞错那根针。

6.2.1 快速检索和筛选判例

AI 可以通过学习大量的法律文献和判例数据，构建一个内容丰富的法律知识库。当法律专业人士输入一个具体案例或法律问题时，AI 能够快速检索出相关的判例，并根据判例的相似度进行排序，以便用户快速找到最相关的判例。小股东权益保护其实是公司治理中的重大课题，因为大股东滥用股权可能会导致小股东利益受损。我们可以用 AI 来检索最新的关于"小股东权益保护"的案件，如下。

> **问：**
> 请帮我检索出最新的有关"小股东权益保护"的案件。
> **AI：**
> 2024 年中国有关小股东权益保护的案件主要集中在以下几个方面：
> （1）欺诈发行及虚假陈述：A 发行特别代表人诉讼案中，数千名投资者获得 2.85 亿元全额赔偿。类似案件还有 A 先行赔付案和 A 虚假陈述"示范判决＋专业调解"案，后者累计调解 413 件案件，投资者获赔 2800 余万元 (新闻频道)。
> （2）股东权益的直接保护：A 通过资本公积转增股本，按照持股比例向所有股东分配，有效保护了中小投资者合法权益 (新闻频道)。
> （3）法律服务中心调解案例：当事人主动提起 R 上市公司虚假陈述纠纷调解案，这是首例由纠纷当事人主动申请调解的案件，涉及投资者 121 名，调解金额总计 280 余万元 (新闻频道)。
> 这些案例反映了中国在加强小股东权益保护方面的努力，通过多种法律手段和调解机制，保障投资者的合法权益。详细案例信息和背景可以参考央视网和中国青年报的相关报道 (新闻频道)(Cyol)。

我们可以看到，AI 在我们输入问题之后，会自动搜索相关的网站，并列出具体查询搜索了哪些网站，然后根据自己的搜索内容，总结出具体的案件。我们可以在每个案件之后点击蓝色下划线的字体，超链接到相关网页，查看具体的案件情况，这在很大程度上节省了我们查阅搜寻

案件的时间。

6.2.2 智能提取"判决的理由"

AI 是一个非常强大的数据库,所以它"知道"很多法律相关的知识,我们给它一个具体案例或者法律问题,它会从自己的数据库里面搜索,它不仅仅是在搜索关键词,更是在理解整个案例的上下文和逻辑。就好比你读一本书,不仅仅要看其字面意思,还要理解作者的意图和思路。

AI 会接着分析这个案例中的各个部分,找出那些对判决起到关键作用的理由。比如说是某个特定的法律条款、某个案件的判决结果,或者是某个法律原则。AI 会尝试理解这些理由之间的逻辑关系,并把它们整合在一起。最终,AI 会把这些提取出来的"判决理由"展示出来。我们仍以"小股东权益保护"为例,智能提取"判决理由",如下。(如果想得到连续的结果,只需要在问题对话框下面继续问答就可以了。)

问:
根据你所检索出的案件,分析一下第一个案件的"判决理由"?
AI:
在 A 公司发行特别代表人诉讼案中,法院的判决理由主要包括以下几个方面:
(1)欺诈行为确认:
法院经过审理后确认,A 公司在股票发行过程中存在欺诈行为。具体表现为公司通过提供虚假信息和误导性陈述,蓄意掩盖公司的实际财务状况和经营状况,从而误导投资者购买其股票。这种行为不仅违反了证券市场的诚信原则,还严重侵犯了投资者的知情权和公平交易权,构成了证券欺诈。
(2)投资者损失:
法院认定,因 A 公司的欺诈行为,共有数千名投资者遭受了重大经济损失。法院查明,这些投资者在基于虚假信息的情况下购买了 A 公司的股票,导致投资本金遭受重大损失。法院认为,这些损失直接由公司的欺诈行为引起,投资者有权要求全额赔

第 6 章 AI 帮手帮助解答律师难题

偿以弥补其经济损失。

（3）法律依据：

法院判决依据《中华人民共和国证券法》及相关司法解释，认为 A 的行为违反了证券市场的基本法律规定。根据《证券法》第 77 条及相关规定，证券发行人不得通过虚假陈述、误导性陈述或重大遗漏等方式欺骗投资者。鉴于 A 的严重违法行为，法院决定对其进行严厉打击，以维护证券市场的诚信与公平。同时，法院还引用了最高人民法院关于处理证券纠纷的相关司法解释，进一步明确了对证券欺诈行为的法律责任。

（4）赔偿金额：

根据法院的调查和评估，投资者因 A 的欺诈行为共计损失 2.85 亿元。法院据此判令 A 全额赔偿投资者损失，以实现对受害投资者的经济补偿。这一判决金额的确定，既考虑到了实际经济损失，也体现了对证券市场中违法行为的惩戒力度，旨在震慑潜在的违法者。

法院的这些判决理由，反映了司法机关在保护投资者权益、维护证券市场秩序方面的坚定立场。这不仅有助于受害投资者获得应有的赔偿，也对其他上市公司和市场参与者起到了警示作用，强化了市场的诚信与公正原则。通过对欺诈行为的严厉打击，法院旨在构建一个更加透明、公平的证券市场环境，促进市场健康发展。(新闻频道)。

AI 可以帮助我们总结出案件的"判决理由"，我们也可以点击最后的蓝色下划线字体，进入超链接的网页查看更详细的内容。需要注意的是，AI 所生成的法条的准确性需要我们自己进行判断。

6.2.3 找出实质性事实

我们可以将 AI 比作一个侦探助手，它可以根据输入的案件事实，利用内置的法律知识和逻辑分析能力，找出对案件的判决有实质性影响的关键事实，如直接证据、证人证言等等，再与判例库中的事实进行对比和分析。AI 将这些实质性事实以清晰、易懂的方式呈现给用户，从而帮助用户更轻松、准确地处理复杂的法律案件。通过下面的内容，我们可

以看到 AI 根据案件显示的实质性事实。

> **问：**
> 请你继续分析上面的案例，为我找出其中的"实质性的事实"。
>
> **AI：**
> 在 A 发行特别代表人诉讼案中，实质性的事实包括：
>
> （1）虚假信息披露：
> A 在股票发行过程中提供了虚假的财务信息和其他误导性陈述，严重违反了证券市场的信息披露规定。这些虚假陈述包括夸大收入、隐瞒负债以及其他财务指标的扭曲，导致投资者对公司财务状况产生错误认识。
>
> （2）投资者受损：
> 由于 A 的欺诈行为，导致 7195 名投资者在购买该公司股票后遭受了经济损失。这些投资者在基于虚假信息进行投资决策后，因股票价格的波动和公司实际财务状况的揭露而蒙受了严重的经济损失。
>
> （3）全额赔偿：
> 法院判令 A 向受损投资者支付 2.85 亿元的赔偿款，以弥补投资者因公司虚假信息披露所遭受的损失。这一赔偿金额旨在覆盖投资者的直接经济损失，并对其受到的财务伤害进行合理补偿。
>
> （4）法律基础：
> 判决基于《证券法》及相关司法解释，旨在维护证券市场的公平性和透明度，保护投资者的合法权益。该判决强调了法律对虚假信息披露行为的严厉惩罚，以及对受损投资者权益的保护，旨在增强市场参与者的信心，促进证券市场的健康发展。
>
> 这些事实构成了判决的核心依据，确保受损投资者获得公平补偿。

我们深入研究这个案件，会发现 AI 所总结出来的内容，正好是需要我们理解和记忆的部分。我们在面对纷繁的案件时，其可以使用 AI，可以为我们带来极大便利。

6.2.4 提供法律解释和推理支持

AI 在此时扮演的是法律顾问的角色，它会提供给我们一些专业的法律意见。它会运用自己内置的法律知识库和强大的分析能力，深入理解这部分内容，并从多个层面来解释推理，再以一种清晰、明确的方式告诉我们它的推理和理解，让我们能够理解这个法律问题。如下，我们通过 AI 可以清晰地理解这个案件和案件背后的法律问题。

> **问：**
> 请你根据上面的案件，总结相关的法律解释和推理支持。
>
> **AI：**
> 在 A 发行特别代表人诉讼案中，法院的法律解释和推理支持主要体现在以下几个方面：
>
> （1）证券法的适用
>
> 根据《中华人民共和国证券法》第 63 条，证券发行人不得有虚假陈述、误导性陈述或重大遗漏。A 通过虚假财务报表等误导性信息发行股票，违反了这一规定。
>
> （2）损害赔偿责任
>
> 依据《中华人民共和国民法典》和《中华人民共和国证券法》的规定，发行人的欺诈行为导致投资者遭受损失，应当承担赔偿责任。法院认定数千名投资者因 A 的欺诈行为遭受了实际经济损失，需全额赔偿 2.85 亿元。
>
> （3）法律解释的支持
>
> 在司法解释上，最高人民法院《关于审理证券市场因虚假陈述引发的民事赔偿案件的若干规定》进一步明确了虚假陈述行为的认定标准及投资者损害赔偿的计算方式。泽达易盛的行为符合虚假陈述的认定标准，且投资者的损失可以具体计算和证明。
>
> （4）代表人诉讼机制
>
> 特别代表人诉讼是一种特殊的诉讼机制，允许投资者通过代表人共同提起诉讼，以提高诉讼效率，降低诉讼成本。本案中，由代表人代替 7195 名投资者提起诉讼，确保了投资者的集体利益得到有效保护。
>
> 通过这些法律解释和推理，法院最终认定 A 需对其欺诈发行行为承担责任，并赔

偿投资者损失。这不仅是对具体案件中投资者权益的保护,也对市场秩序和法治环境起到了积极的维护作用。

6.2.5 提供个性化服务

法律工作者的工作很繁杂,每天都需要处理大量的案件和法律文件,虽然说对于法律问题有深厚的理解,但是我们更希望能有一个"助理"帮助我们快速地筛选重要信息,提供及时的法律建议。ChatGPT 就可以当这个"助理",它可以快速检索和解析法律文献,还能通过学习我们的工作习惯和偏好,不断优化自己的服务方式。它还可以在保持专业化的同时,用更亲近、自然的方式,提供个性化的服务。只要我们需要,它就可以根据我们的要求随时变化回答方式,并为我们提供答案。如下,我们列举了 AI 的几种回答方式。

问:
请你用学术语言讲解《中华人民共和国民法典》第四百七十条的内容。

AI:
《中华人民共和国民法典》第四百七十条规定了合同内容的一般条款,具体如下:

当事人的姓名或者名称和住所:合同应明确合同各方的身份信息,包括个人姓名或法人名称,以及各自的住所地。

标的:合同中需明确具体的合同标的物,即合同所涉及的对象或事项。

数量:合同中应规定标的物的数量,以便明确双方的权利和义务。

质量:对合同标的物的质量要求应在合同中清晰描述,确保双方对质量标准有一致的认识。

价款或者报酬:合同中应规定标的物的价款或服务的报酬,以及支付方式和时间。

履行期限、地点和方式:合同应明确履行义务的期限、地点和具体方式,确保合同顺利履行。

违约责任：合同需规定违约的后果及责任，包括违约金的计算方式和赔偿措施。

解决争议的方法：合同应明确在发生争议时解决争议的方法，可以通过协商、调解、仲裁或诉讼等方式解决。

此外，当事人在订立合同时，可以参照各类合同的示范文本，以确保合同条款的规范性和完整性。

问：

请你用通俗易懂的语言来讲解这个法条。

AI：

《中华人民共和国民法典》第四百七十条主要告诉我们签合同时需要注意的一些基本内容。具体包括以下几点：

双方的身份信息：合同里要写清楚签合同的人是谁，住在哪里。

合同的具体内容：要明确合同涉及的是什么，比如是买卖商品还是提供服务。

数量：要说明商品的数量或者服务的次数。

质量要求：对商品或服务的质量有明确的要求。

价格和报酬：要写清楚商品的价格或者服务的费用，以及如何支付。

履行时间、地点和方式：要规定什么时候、在哪里、用什么方式履行合同义务。

违约责任：如果有人不遵守合同，需要承担什么样的责任，比如赔偿多少。

解决争议的方法：万一有纠纷，可以通过协商、调解、仲裁或者诉讼来解决。

当事人在写合同时，可以参考一些标准合同的范本，这样可以确保合同内容更加规范。

问：

请你用幽默诙谐的语言讲解这个法条。

AI：

《中华人民共和国民法典》第四百七十条其实就是告诉你，签合同这事儿，得把该注意的都写清楚了，避免日后闹矛盾。就像是打麻将前得先讲好规矩，不然到时候吵起来连麻将桌都得掀了。

双方的身份信息：得说清楚谁跟谁签合同，就像打麻将前得确认"这桌子上都谁啊"。

合同的具体内容：要明确合同是干啥的，就像麻将是打圈还是打东南西北。

数量：要说明合同涉及的数量，就像麻将得说清楚是推几张牌。

> 质量要求：对质量有要求，就像打麻将得确保牌都是正经的，别拿着印花的牌骗人。
> 价格和报酬：要写清楚价钱，就像打麻将前得商量好每把多少钱，输赢怎么算。
> 履行时间、地点和方式：得写明什么时候在哪儿怎么搞，就像麻将得约好几点在哪儿打。
> 违约责任：如果有人不遵守，得写清楚怎么处理，就像有人出老千，得商量好抓到后罚多少。
> 解决争议的方法：要是打起来了怎么解决，就像打麻将前得讲好要是有人不服气，怎么处理，能不能请个大哥来评评理。
> 最后呢，当事人在写合同时可以参考一下标准合同，就像新手打麻将，可以看看老手怎么打，免得闹笑话。

我们通过上面的比较可以看出来：专业化学术用语的解释更适合专业领域和学术研究，通俗易懂的解释适用于广泛的大众群体，而幽默诙谐的解释在轻松愉快的氛围中能更好地传达法律知识。在工作中，我们可以根据自己的需要，灵活调整 ChatGPT 的回答模式。

第 3 节　AI 便捷法律检索

我们都知道律师咨询一般是按照时间收费的，这从侧面上反映了律师时间的宝贵，也体现了法律工作者每天的工作非常繁杂，如果能在法律条文和案例检索上节省时间，将会极大提高他们的工作效率。

我们使用 AI 查找某个特定的法律条款或者案例的时候，不需要费力去翻阅厚重的法律书籍或者逐一搜索数据库，只需要向它提问，它就能迅速地给出准确的回答。那么，AI 如何进行便捷的法律检索呢？它的检索靠谱吗？我们继续看。

6.3.1 ChatGPT 的自然语言处理能力

AI 可以模拟人的语言思维方式，它能进行逻辑清晰、语法正确的长篇对话，它可以理解我们的自然语言提问，比如我们可以直接向 AI 提问，它可以检索到相关的法条内容，如果它的数据库没有，它会直接调用搜索功能，通过搜索相关网页得到答案。在这个过程里，我们不需要用特定的语言。以搜索《中华人民共和国民法典》相关法条为例，我们不需要有固定模式，只需要告诉它，什么法律，多少条，它就可以检索出来了，如下。

> **问：**
> 《中华人民共和国民法典》第 450 条、第 623 条内容。
> **AI：**
> 《中华人民共和国民法典》第 450 条和第 623 条的内容如下：
> 第四百五十条　留置财产为可分物的，留置财产的价值应当相当于债务的金额。
> 第六百二十三条　当事人对检验期限未作约定，买受人签收的送货单、确认单等载明标的物数量、型号、规格的，推定买受人已经对数量和外观瑕疵进行检验，但是有相关证据足以推翻的除外。
> 如果您有其他的要求，请告知。

接下来，我们只需要在这个连续的会话中细化查询或者让它提供解释就行，不需要我们再提供之前的具体信息。如下，接着上面的会话继续询问 AI 即可。

> （接上图的会话）
> **问：**
> 找到 450 条上下相关的法条。

> **AI：**
> 《中华人民共和国民法典》第十九章 留置权的相关法条如下：
> 第四百四十七条 债务人不履行到期债务，债权人可以留置已经合法占有的债务人的动产，并有权就该动产优先受偿。
> 前款规定的债权人为留置权人，占有的动产为留置财产。
> 第四百四十八条 债权人留置的动产，应当与债权属于同一法律关系，但是企业之间留置的除外。
> 第四百四十九条
> ……
> 第四百五十一条
> ……
> 第四百五十七条 留置权人对留置财产丧失占有或者留置权人接受债务人另行提供担保的，留置权消灭。

我们可以看出，它给出了和《中华人民共和国民法典》第四百五十条相关的全部法条内容。

6.3.2　内容范围很广泛

AI 经过大量文本数据的学习和训练，可以就法律领域的数百个问题进行问答讨论，覆盖广泛的法律主题和领域。这是因为它使用了 Transformer 的大模型和自回归语言模型，这些模型可以对输入序列和输出序列之间的关系进行建模，并且预测下一个单词的概率分布，从而让 AI 生成自然流畅的语言，实现和我们之间的交互。

比如说，我们要检索《中华人民共和国民法典》中有关法定继承的法律条款，就可以和 AI 对话如下。

问：

我想了解在《中华人民共和国民法典》中有关法定继承的条款。

AI：

关于法定继承的条款主要涉及以下几个方面：

第一千一百二十六条　继承权男女平等。

第一千一百二十七条　遗产按照下列顺序继承：

……

第一千一百三十二条　继承人应当本着互谅互让、和睦团结的精神，协商处理继承问题。遗产分割的时间、办法和份额，由继承人协商确定；协商不成的，可以由人民调解委员会调解或者向人民法院提起诉讼。

我还为您归纳了一下上面涉及法定继承条款的主要内容：

这些条款详细规定了中国民法典中关于法定继承的规则。以下是对这些规则的归纳和解释：

继承顺序和权利：

（1）继承权的性别平等：继承权不分男女，确保性别公平。

（2）继承顺序：

- 第一顺序继承人：配偶、子女、父母。
- 第二顺序继承人：兄弟姐妹、祖父母、外祖父母。
- 当没有第一顺序继承人时，第二顺序继承人才有权继承。

代位继承：

（1）代位继承的定义：当原本应成为继承人的个体在被继承人死亡前已经去世，其直系晚辈血亲或子女可代替其继承。

（2）继承份额：代位继承人只能继承原继承人应有的遗产份额。

特殊情况下的继承权：

（1）特殊赡养关系：尽了主要赡养义务的丧偶儿媳或女婿可以作为第一顺序的继承人。

（2）遗产分配：通常应均等分配，但也可以根据继承人的经济状况、赡养贡献等因素进行不均等分配。

- 特别考虑生活困难无劳动能力的继承人。
- 对于尽了主要赡养义务或共同生活较长时间的继承人，可以多分遗产。

> －对不尽赡养义务的继承人，可以减少其遗产份额。
> 遗产分割协商：
> （1）协商原则：继承人应本着互谅互让和团结和睦的精神协商遗产分割。
> （2）解决机制：
> 继承人之间协商确定分割的时间、方法和份额。
> 如协商不成，可通过人民调解委员会调解或向人民法院提起诉讼。
> 这些规定体现了对平等、公正的追求，并兼顾了家庭成员间的特殊情况和关系。
> 在处理遗产继承问题时，这些法律提供了明确的指导原则和处理方法。
> 我可以给出相关案例或判决，以帮助您更好地理解关于法定继承的内容。如果需要，请告知。

AI不仅给出了相关法条内容，还为我们解释了上述法律条款的含义，引导我们如果需要相关案例或者判决解析，可以直接告知它。

6.3.3 需要注意的问题

虽然AI在法律检索方面为法律工作者提供了极大的便利，但我们仍需理性且谨慎地使用它。AI的输出可能存在信息误导和偏见等问题，因此在处理复杂的法律问题或涉及重大利益的事项时，依然需要依赖专业的法律知识和技能。要想确保内容的准确性和权威性，必须从专业角度出发，查阅相关的法律资料和权威文献，以避免潜在的法律风险和误判。AI工具可以作为辅助，但不能完全替代人类的专业判断和审慎分析。

第7章 法律工作处理 AI 时代

大语言模型如今已经引起了公众的注意，短短五年内，Transformer 等模型几乎完全改变了自然语言处理领域。之前法律工作者需要费大劲儿去查阅各种法律条文、案例、资料，手动分析整理；现在呢，只需要把问题交给如 DeepSeek 等大语言模型，它们就能迅速找出相关的法律条文，起草合同等。可以说，随着大语言模型的崛起，法律工作处理迎来新时代。

第1节 AI 文档创建与编辑新模式

我们在工作中会处理大量的文档，每天的案例整理、工作汇报、会议记录，甚至律所工作号的文章、普法文章等都需要我们一个字一个字地"敲进去"，这样会消耗大量的时间和精力。如果你感觉这些文档处理起来很麻烦，使用 AI 也许是通往成功的捷径。无论是要处理案件的各种法律条文、违约责任等，还是制作一些有深度的内容，只需要几个简单的提示，就可以让 AI 转化成详细的 word 文档。

法律工作中，文档处理我们就要使用 word 进行编辑，它帮助律师和法律工作者撰写、编辑和整理各种法律文档。Word 提供了丰富的功能，可以帮助我们实现文档的专业和精确。法律文档中通常包含着大量的法律条款、案例和合同细节等，这些内容都需要我们精确无误地呈现出来。而 Word 的文字编辑、自动编号、脚注和尾注等功能可以极大地提升法律文档的制作效率。此外，Word 的排版功能，如字体样式、段落间距、页面布局等，可以让法律从业者根据法律文档的特定要求进行调整，使文档更加符合法律行业的专业标准。

法律文档的撰写并不仅仅是文字的堆砌，更需要深入的法律思考、逻辑推理和案例分析。这正是 AI 可以发挥作用的领域。AI 可以通过自然语言处理技术，快速生成与法律主题相关的文本内容，为法律从业者提供写作灵感和参考。比如说，在撰写法律意见书或诉讼文件时，AI 可以根据法律从业者的需求，生成相关的法律观点、案例分析和法律建议，帮助法律从业者更快地构建文档框架和内容。结合 AI 和 Word 的功能，法律从业者能够更加高效地完成法律相关文档的制作。

7.1.1　用 AI 来实现文档创建

假设我们要创建一份"法律研究和分析报告"，这类报告通常用于对特定法律问题进行深入研究和分析，为法律决策提供依据。我们只需要告诉 AI 我们需要创建的法律研究和分析报告的主题，它就可以给我们生成一个大致的提纲。

> 问：
> 我要创建一份"互联网领域知识产权保护分析报告"法律研究和分析报告，你可以帮我吗？

AI：

当然可以。创建一份关于"互联网领域知识产权保护分析"的法律研究和分析报告，涉及以下几个关键方面：

（1）引言

互联网技术的迅速发展对知识产权保护提出了新的挑战与机遇。

报告目的：分析当前互联网领域知识产权保护的法律框架，探讨存在的问题，并提出改进建议。

（2）知识产权在互联网中的应用现状

著作权：网络作品、软件著作权保护、数字内容的版权管理等。

商标权：域名争议、在线商标侵权的法律适用问题。

专利权：互联网技术专利的保护现状，包括软件专利、算法专利等。

商业秘密：数据隐私和商业秘密的保护，网络安全的法律要求。

（3）国际与国内法律框架对比

国际公约：WIPO 条约、TRIPS 协议等对互联网知识产权保护的影响。

主要国家法律体系：美国的 DMCA、欧盟的 CDT 等。

中国法律体系：著作权法、专利法、商标法、反不正当竞争法的相关规定。

（4）互联网知识产权保护的主要问题与挑战

跨境侵权问题：司法管辖权、证据保全的难点。

技术发展带来的新挑战：AI 技术、区块链技术对知识产权的影响。

虚拟资产和数字货币：版权、商标在虚拟世界中的保护问题。

（5）案例分析

典型案例研究：分析国内外典型的知识产权侵权案件，如"苹果诉三星"专利侵权案、"百度诉 360"商标侵权案等。

判例研究：相关司法解释和判决对互联网领域知识产权保护的影响。

（6）法律政策建议

完善现行法律体系：针对现有法律中的不足，提出修改建议。

加强国际合作：推进国际合作机制，建立跨国知识产权保护体系。

技术与法律的融合：推动技术手段在知识产权保护中的应用，如区块链技术的版权保护、AI 在侵权检测中的应用等。

（7）结论

总结当前互联网知识产权保护的现状与面临的主要问题。

强调法律、技术和国际合作的重要性，提出未来研究方向。

可以根据这些大纲进一步深入研究，收集相关的法律文献、案例资料以及最新的研究成果，以增强报告的深度和广度。需要更多具体内容或数据支持，随时告诉我。

我们可以对AI生成的"法律报告"的提纲进行分析，保留和主题紧密相关的部分，去掉多余和无关的信息，再根据"法律报告"的基本结构，对筛选出的内容进行整理和组织，之后结合AI提供的初步观点进行深入法律分析和讨论。

问：

我认为这份报告应该包括引言、互联网知识产权的基本概念、保护现状以及案例研究几方面……主要包括以下内容：

……

AI：

好的，我为您生成一份详细的"互联网领域知识产权保护分析报告"，具体内容如下。

互联网领域知识产权保护分析报告

一、引言

随着互联网技术的迅猛发展和数字化信息的普及，知识产权在全球范围内的重要性日益增加，特别是在互联网领域。本报告着重分析了互联网环境下知识产权保护的现状、面临的挑战及未来发展趋势，旨在提供策略建议以加强这一保护。

互联网对知识产权的主要影响在于，它改变了信息的传播方式和速度，使得知识产权的保护不再局限于传统的地理和物理界限。互联网使得作品的复制、传播及访问变得极为容易和低成本，这虽然促进了信息和文化的自由流动，但同时也带来了更大的侵权风险，尤其是在缺乏有效监管和技术保护的情况下。互联网的匿名性和去中心化特征增加了执法的难度，使得传统的知识产权保护机制在互联网环境下面临重大挑战。因此，从事知识产权法律研究和分析的专业人员必须考虑到这些环境变化，并探索适应这些变化的新法律框架和保护机制。

> 本报告的目的在于，通过分析互联网对知识产权影响的特点，评估当前的保护现状，并提出针对性的改进措施和政策建议，以增强互联网环境下的知识产权保护效果。通过国际和国内的法律法规分析，以及案例研究，本报告旨在提供一个全面的、战略性的视角来审视和处理互联网知识产权的复杂问题。
>
> ……

由于篇幅限制，这里不展示法律报告的全部内容。从 AI 所生成的引言中，我们可以看出，这份报告的内容是比较严谨的。另外，我们可以通过人工编辑、润色来优化 AI 所生成的文本内容。

7.1.2 用 AI 实现文档编辑

使用 AI 来实现文档的编辑是一个创新和高效的方式。尽管 AI 本身是一个基于文本的对话模型，并不直接提供文档编辑的图形界面，但我们可以通过与 AI 进行文本交互，来完成文档的编辑工作。

我们要清楚地告诉 AI 需要它帮忙做什么，比如说，我们可以和 AI 对话，如"帮我看看这段文字，能不能让表达更生动一点？"或者"我想在这部分添加一些细节，你能给点建议吗？"然后我们把相关的文档复制到 AI 的对话界面里，简单描述我们的需求，AI 会迅速理解你的意图，并给出一些建议。这些建议可能是一些替换的词汇、更流畅的句子，或者是一些你未曾想到的新内容。

如果 AI 的建议不完全符合我们的预期，别担心，我们仍然可以继续和它"聊天"。我们可以提供给 AI 更多上下文，或者更具体地描述需求，它会根据我们的反馈不断调整自己的建议，直到我们满意为止。

最后别忘了进行润色和校对。虽然 AI 能给出很多有价值的建议，但最终的决定权还是在我们手里。我们可以根据自己的判断和喜好，选择是否采纳 AI 的建议，并进行适当的修改和调整。接下来，我们以采取

"以案说法"的方式为人们讲解网购商品的一些风险问题的策划,来展示AI的文档编辑过程。

问:
我准备去社区为社区居民讲解一下"网购商品签收之前的损毁风险承担"问题,你有没有什么好的建议呢?

AI:
在互联网购物中,商品在交付前遭受毁损或灭失的风险由卖家承担的原则具有重要的法律和实践意义。根据《中华人民共和国民法典》第五百一十二条及第六百零四条的规定,我们可以通过一个具体的案例来阐述这一原则。

以张大妈购买水果的情况为例,商品在签收前发生损坏,尤其是包装箱破裂和水果损坏的情况。在此情形下,尽管商品已经到达收货地点,但张大妈尚未签收,因此商品的法律交付尚未完成。依据民法典的规定,商品的损毁风险在这个阶段仍然由卖方承担。

从法律角度分析,签收行为是完成商品交付的重要法律标志。签收前,即便商品物理上已经到达买方指定地点,其权利义务转移仍未完成,因此任何损害都应由卖方负责。这一规定保护了消费者的利益,确保消费者在网购过程中的权益不受不公平条款的侵害。在实际操作中,张大妈应当拒绝签收已明显损坏的商品,并立即与卖家联系,提出赔偿要求。在这种情况下,卖家通常有责任退还损坏商品的货款或者提供替换。

这一案例说明,在网购中,消费者应充分了解自己的权利,特别是在商品损坏时的权利,以便在必要时能够有效维护自己的利益。同时,这也提示卖家在选择快递和物流服务时必须谨慎,确保通过可靠的方式发送商品,减少因物流引起的纠纷。

问:
我是去社区进行普法。你的回答方式过于生硬和学术性了。能不能生动一些呢?

AI:
当然可以,让我们以更生动的方式来解释这个问题。

想象一下,张大妈在网上买了一箱新鲜水果,期待着和家人共享。然而,当快递员敲门,递上那箱水果时,张大妈发现包装箱已经破裂,里面的水果有的已经损坏。这种情况下,张大妈应该怎么办呢?

张大妈此时的正确做法是,拒绝签收这箱损坏的水果,并立即通过电话或网络平

第7章 法律工作处理 AI 时代

台与卖家联系，说明情况并要求相应的赔偿。通常情况下，卖家为了保持良好的客户关系，都会尽力解决问题，可能会提供退款或者重新发货的选择。这个例子展示了作为消费者的我们，在网购时的一项重要权利。了解这些权利，可以帮助我们在遇到类似问题时，能够更加有效地保护自己的利益。

希望这个生动的案例能帮助社区的居民们更好地理解和掌握自己作为消费者的权利，以便在日常网购中遇到问题时，能够得到应有的保护。

……

AI 在我们的要求下，以生动的方式解释了"网购商品签收之前的损毁风险承担"问题。在工作过程中，如果需要对某一文档进行改写，或者针对不同受众，需要使用不同的语言风格时，我们可以使用 AI 来改写，这将会极大提高我们的工作效率。

我们还可以让 AI 执行润色的命令，它会对文档进行一定的编辑，当然最终，还要以我们人工润色后的为准。

问：
请将上面的内容，润色一下，使其更贴合实际。
AI：
在我们的社区中，张大妈是个热心肠且喜爱尝试新鲜事物的居民。最近她在网上看到一家水果店的广告，宣称他们的水果直接从果园送到家门口，既新鲜又方便。想到能和孙子一起尝鲜甜的水果，张大妈毫不犹豫地下了订单，期待着这份甜蜜的惊喜。

到货那天，张大妈早早就在窗前等着快递。当快递员终于出现，她迫不及待地接过那个大箱子，但却感到出奇的轻。打开后，她的心情从云端跌落谷底。箱子的一个角被撞得凹陷，里面的苹果和梨子散落一地，不少已经出现瘀伤和破损。

这时，张大妈想起了咱们社区普法课上刚刚讲的，按照《中华人民共和国民法典》的规定，商品在送达并签收之前的损坏，卖家需要负责。她决定行使自己的权利。她拍下了破损的包裹和水果的照片，然后联系了卖家。卖家一开始有些推诿，但张大妈坚持表明，这种情况下的损失应由卖家承担。最终，卖家同意全额退款，并且承诺会对未来的包装和运输方式进行改进。

> 这件事在社区里传开后，让很多居民都意识到了自己在网购中的权利。张大妈的经历不仅为大家提供了实际操作的参考，也增强了大家维护自身合法权益的信心。通过这个例子，我们可以看到，了解和行使自己的消费者权利是多么重要，它不仅能保护个人利益，还能推动商家改善服务质量，最终实现消费者和商家的共赢。

第2节 AI加速合同的起草和审查

通过用户提供的具体需求，AI可以生成符合法律要求的合同草案，并快速检查合同中的风险和漏洞。这大大提高了合同起草的效率和准确性，减少了因合同漏洞带来的法律风险。

7.2.1 用AI来起草一份完美的合同

合同是什么？合同是现代市场经济交易关系的核心形式，广泛存在于我们的日常工作和生活中。我们工作需要签订劳动合同来保障我们的工作权利，规定我们的义务；我们去餐厅吃饭，实际上也有个餐厅和我们之间的合同，来保障我们吃的食物是健康的，我们要支付给餐厅相应的金钱；租房需要合同、买房需要合同、买车需要合同等。我们在做每件事的时候，不一定都需要签订合同，并非每一个合同关系都有对应的书面合同。

本书中所说的起草合同指的是书面合同，书面合同本质上是一种法律文件，合同起草中法律思维必不可少。

起草合同是律师日常业务的一部分，一般是非常耗时间的，也非常复杂。我们可以用AI来起草合同，以提高我们的工作效率。

1. 明确给 AI 的指令

我们要使用 AI 来起草合同，应该明确我们自己的合同需求。如果我们要起草一份简单的租房合同，那我们就需要把出租的租期、租金、押金等具体细节告诉 AI。

问：
我要起草一份租赁合同，你可以帮我吗？
AI：
当然可以，我会引导您提供我相应的信息来起草这份租赁合同。租赁合同应当明确以下几个关键要素：
（1）租期：合同起始日期和终止日期，以及是否允许续租的条款。
（2）租金：包括租金金额、支付方式、支付时间和调整租金的条件。
（3）押金和费用：规定押金的数额、用途和退还条件，以及其他可能产生的费用。
（4）维修与保养责任：明确出租方和承租方各自在物业维护和修理方面的责任。
（5）违约与解约条件：设定违约责任、解约条件以及相应的法律后果。
（6）法律适用与争议解决：指定适用的法律和解决争议的方式（例如调解、仲裁或诉讼）。

合同的具体内容需要根据当地法律和双方的具体需求调整。建议在起草合同后，由法律专业人士进行审查，以确保所有条款的合法性和适当性。如果需要，我可以帮助您详细草拟各条款。

2. 提供必要的信息来生成合同草案

我们根据 AI 的提示提供相应的信息之后，可以继续和 AI 对话。AI 可以根据我们提供的信息，来生成一份合同草案。这份草案符合基本的法律要求和格式，我们可以继续对话，进行完善。

（接上图）

问：

租期：5 年。租金：押一付三，月租金 2000 元。

物业费和水电费由租户承担，网费和燃气费由房东承担。

租户应保障房屋的整洁、不能故意损坏设备电器，不能更改线路，不得装修。

房东应保障房屋的用电和燃气的安全。

不到期退租，押金不退。租期到期，自动节约，如有争议，走诉讼。

请帮我继续完善这份租赁合同。

AI：

根据您提供的信息，以下是租赁合同的草案部分内容，可供参考和进一步完善：

————————————————————————————————

租赁合同

第一条 租赁物的描述和用途

出租方(以下简称甲方)同意将其所有的位于[具体地址]的房屋(以下简称租赁物)出租给承租方（以下简称乙方）用于 [明确用途，如居住 / 办公等]。

第二条 租赁期限

本合同的租赁期限为五年，自 [起始日期] 至 [终止日期]。

第三条 租金和支付方式

（1）租金为每月 2000 元人民币。

（2）租金支付方式为押一付三，即乙方需支付一个月租金作为押金和三个月租金作为首期支付。

（3）租金应在每月的第一天支付给甲方指定的账户。

第四条 费用承担

（1）物业管理费及水电费由乙方承担。

（2）网络费及燃气费由甲方承担。

第五条 甲乙双方的权利与义务

（1）乙方应保持房屋整洁，不得故意损坏房屋及其设施设备。禁止更改电路线路，未经甲方同意，不得进行装修或改变房屋结构。

（2）甲方负责确保房屋的电力系统和燃气设施安全可靠，必要时应及时维修。

（3）如乙方在租期内提前解除合同，已支付的押金将不予退还。

第7章 法律工作处理 AI 时代

第六条 解约及违约
（1）租期届满，本合同自动续约，续约条款根据双方协商一致确定。
（2）双方应严格履行合同，任何一方违约，应赔偿对方因此遭受的所有损失。
第七条 争议解决
合同履行过程中发生的任何争议，双方应首先通过友好协商解决；协商不成的，任何一方可向甲方所在地人民法院提起诉讼。
第八条 其他
（1）本合同的修改和补充需双方书面同意。
（2）本合同一式两份，甲乙双方各执一份，具有同等法律效力。

请根据实际情况调整以上条款，并考虑增加特定的附加条款，如房屋保险、维修基金等。同时，建议有法律专业人士审核本合同，以确保其合法性和可执行性。

3. 交互完善合同

在此过程中，AI 可能会提出一些问题，如需要解释某个细节，或者需要我们提供更多的信息，我们只需耐心回答问题，AI 就可以根据我们的回答完善合同。

（接上文）
问：
房子位置是北京市海淀区 X 路 X 小区 5 号楼 1 单元 XXX 室。
租户用来自己居住。
再加上一条，房屋不得转租和合租。仅提供自住，不可以办公。
AI：
根据您提供的最新信息和要求，以下是租赁合同的更新版，专门针对位于北京市海淀区的房产和租赁目的：

租赁合同

第一条 租赁物的描述和用途

出租方（以下简称甲方）同意将其所有的位于北京市海淀区X路X小区5号楼1单元XXX室的房屋（以下简称租赁物）出租给承租方（以下简称乙方）仅用于居住。

第二条 租赁期限

本合同的租赁期限为五年，自[起始日期]至[终止日期]。

第三条 租金和支付方式

（1）租金为每月2000元人民币。

（2）租金支付方式为押一付三，即乙方需支付一个月租金作为押金和三个月租金作为首期支付。

（3）租金应在每月的第一天支付给甲方指定的账户。

第四条 费用承担

（1）物业管理费及水电费由乙方承担。

（2）网络费及燃气费由甲方承担。

第五条 甲乙双方的权利与义务

（1）乙方应保持房屋整洁，不得故意损坏房屋及其设施设备。禁止更改电路线路，未经甲方同意，不得进行装修或改变房屋结构。

（2）乙方不得将租赁物转租、合租或用于非居住目的，包括但不限于办公或商业用途。

（3）甲方负责确保房屋的电力系统和燃气设施安全可靠，必要时应及时维修。

（4）如乙方在租期内提前解除合同，已支付的押金将不予退还。

第六条 解约及违约

（1）租期届满，本合同自动续约，续约条款根据双方协商一致确定。

（2）双方应严格履行合同，任何一方违约，应赔偿对方因此遭受的所有损失。

第七条 争议解决

合同履行过程中发生的任何争议，双方应首先通过友好协商解决；协商不成的，任何一方可向甲方所在地人民法院提起诉讼。

第八条 其他

（1）本合同的修改和补充需双方书面同意。

（2）本合同一式两份，甲乙双方各执一份，具有同等法律效力。

> 请仔细审阅上述条款，并根据双方具体情况进行适当调整或增添。如有需要，建议委托法律专业人士进行复核以确保条款的完整性和执行力。

至此，这份合同基本成型。当然，对于上面的条款，我们需要自行复核，以确保条款的完整性和执行力。

7.2.2 用 AI 来进行合同的审查

AI 不仅可以起草合同，还能对现有的合同进行合规性审查。

我们可以把已经起草好的合同文件上传给 AI 进行审查，它会直接读取相关合同内容，并且搜索相关法律信息。AI 利用自己强大的语言模型和法律知识库，对合同的内容进行深入的分析和推理，它可以准确地识别出合同中可能存在的如条款不明确或者违约责任不清晰的风险和漏洞，并为我们提供相应的修改建议。

有了这些修改建议，对于法律工作者来说就轻松多了，我们只需要根据 AI 的提示，对合同进行针对性的修改和审查就可以了，这可以省去很多烦琐的查找和核对过程，而且尤其是对于我们经常看合同的人群来说，就跟玩的"找茬"游戏一样，很多特别简单的问题，可能我们看疲劳了，反而看不出来，利用 AI，就跟火眼金睛一样，让问题无处遁形。

我们可以通过一份"汽车买卖合同"来讲解 AI 的合同审查功能，如下。我们可以直接提供给 AI 合同的示例。

> **问：**
> 我提供给你一份"汽车买卖合同"，你来帮我审查一下，可以吗？
> **AI：**
> 当然可以。请上传或提供您的"汽车买卖合同"文本，我将帮您检查其内容，确保其符合法律要求和商业常识。如果您有特别关注的条款，请告知我。

问：

汽车买卖合同

甲方（买方）：张三

乙方（卖方）：李四汽车销售有限公司

鉴于双方对购买及销售以下物品达成协议，特此签订本合同，以便双方遵守。

一、交易物品

甲方同意从乙方购买一辆宝马 X5 汽车。

二、价格与支付

甲方需支付乙方人民币 50 万元，支付方式为银行转账。

三、交货

乙方应在合同签署后 3 日内将车辆交付给甲方，交货地点为 XX 汽车交付中心。交付日甲方应携带身份证和银行卡，来 XX 汽车交付中心提车即可。

四、质量保证

乙方保证汽车为全新车辆，并提供为期 3 年的整车保修服务。保修期内，如因车辆自身质量问题导致的维修或更换，乙方应承担全部费用。保修期外，如因车辆质量问题需要维修，乙方应提供合理的维修方案和费用优惠。

五、违约责任

如甲方未按约定时间支付款项，每逾期一天需支付合同金额 1% 的违约金；如乙方未按约定时间交付车辆，每逾期一天需支付合同金额 0.5% 的违约金。如因一方原因导致合同无法履行，违约方应赔偿对方因此遭受的全部损失。

六、争议解决

如有争议，双方应首先友好协商解决；协商不成，任何一方均有权将争议提交至合同签订地的人民法院诉讼解决。

签字：

甲方：_____ 日期：_____

乙方：_____ 日期：_____

AI：

此份汽车买卖合同的基本框架符合通常的交易合同要求，但存在一些关键点需要进一步澄清或修正以确保合同的合规性和法律效力。

第 7 章 法律工作处理 AI 时代

（1）合同条款明确性：
- 交易物品：需要详细说明车辆的具体型号、配置、年份及是否有任何特别附件等。仅说明"一辆宝马 X5 汽车"可能不足以准确描述交易的具体内容。
- 价格与支付：应明确支付的时间点及具体流程，例如定金、分期付款等是否适用，并应注明任何与价格调整相关的可能因素，如税费变动等。
- 交货：指定的"XX 汽车交付中心"应明确具体地址。此外，交货条款中应包括对交付延迟的预见性异常条款（例如由于不可抗力导致的延迟）。

（2）法律遵从性：
- 质量保证：应明确保修内容包含哪些部分，例如电气系统、动力系统等，并应有对于零部件原产地的说明，以符合国家关于进口车辆的法规。
- 违约责任：违约金的比率需要符合当地法律的规定，避免设定过高的违约金比例，因为这可能被法院视为惩罚性质的条款，而非补偿性质。
- 争议解决：除了诉讼外，可以考虑加入调解或仲裁作为争议解决的前置程序，这通常有助于更快速、成本较低地解决争端。

（3）其他必要条款：
- 合同的修改与终止：应有关于合同修改和终止的条款，明确双方在何种情况下可以修改或终止合同，以及相应的程序和后果。
- 通知：应明确通知方式和地址，以确保任何法律文件或通知的有效送达。
- 完整协议：应有条款说明此合同构成双方的完整协议，并明确任何口头协议均不得对此合同具有法律效力。

综上所述，尽管该合同包含了基本的交易条款，建议进行上述调整以确保其合法性和执行性，并保护双方的权益。建议在签署前由法律专业人士进行审查。

问：

请帮我在法律约束范围内容，完善这份合同。

AI：

根据您的要求，以下是对原合同法的完善：

汽车买卖合同

甲方（买方）：张三

乙方（卖方）：李四汽车销售有限公司

鉴于双方对购买及销售以下物品达成协议，特此签订本合同，以便双方遵守。

一、交易物品

甲方同意从乙方购买以下具体说明的车辆：宝马 X5 2024 款，含豪华内饰包，车辆识别号（VIN）为：[具体车辆识别号]。

二、价格与支付

甲方需支付乙方人民币 50 万元，支付方式如下：

定金：人民币 10 万元，合同签订时支付。

尾款：人民币 40 万元，车辆交付前支付。

支付应通过以下银行账户完成：[银行名称、账号、账户名等详细信息]。

三、交货

乙方应在合同签订后 3 日内将车辆交付于甲方，交货地点为：北京市朝阳区 XX 汽车交付中心（详细地址）。

交付日甲方需携带有效身份证明和支付尾款的银行卡至交付中心提车。

四、质量保证

乙方保证所售车辆为全新并符合国家所有适用法律规定的质量标准。乙方提供为期三年或 10 万公里的整车保修服务（视先到为准）。保修期内，因制造缺陷导致的维修或更换，乙方承担全部费用。保修条款详见车辆保修手册，该手册为本合同不可分割的一部分。

五、违约责任

如甲方未按约定时间支付款项，每逾期一天，需支付合同金额 1% 的违约金。如乙方未按约定时间交付车辆，每逾期一天，需支付合同金额 0.5% 的违约金。违约金的上限不得超过因违约所产生的实际损失的 50%。

六、争议解决

双方应首先通过友好协商解决任何争议；协商不成的，任何一方均有权将争议提交至合同签订地的人民法院通过诉讼解决。

七、合同的修改与终止

合同的任何修改或终止均需书面形式，并需双方签字确认。未经双方同意，任何一方不得单方面修改或终止合同。

八、通知

任何与本合同相关的通知和文件的送达，应以书面形式通过挂号邮件发送至对方合同中指定的地址。

第 7 章 法律工作处理 AI 时代

> 九、完整协议
> 本合同及其附件构成双方之间的完整协议，替代任何先前的口头或书面理解或协议。
> 签字：
> 甲方：_____ 日期：_____
> 乙方：_____ 日期：_____
> 这一修订版在确保合同各方面更加详细和具体的同时，也更加符合法律规范，确保双方的权益得到更好的保护。建议在正式签署前，由专业法律人士进行审阅。

通过使用 AI 进行合同审查，我们可以更高效地识别和修改合同中的潜在问题和漏洞。AI 通过强大的自然语言处理能力和法律知识库可以迅速扫描合同的内容，识别问题并提出专业的修改建议。这不仅节省了法律工作者的时间和精力，还提高了合同审查的准确性和可靠性。

第 3 节 AI 助力证据生成

在代理一些诉讼类案件的时候，律师或法律工作者往往需要制作一个《证据收集清单》，并发送给当事人，让其根据清单来收集各种证据材料。《证据收集清单》是当事人所主张的事实和所提供证据的桥梁和纽带，《证据收集清单》的制作优劣直接影响到法庭对当事人所主张事实的认定，进而影响案件处理结果。

但是在实际案件处理中，《证据收集清单》的制作非常复杂且耗时，需要把每个证据的要求、目的、来源、格式等都详细列明，并且要确保清单的逻辑性和完整性。而 AI 可以为律师或法律工作者提供极大的帮助。接下来，我们通过一个离婚经济纠纷案件来讲解如何使用 AI 来生成《证据收集清单》。

7.3.1 恰如其分的"提问"环节

好的"提问"环节很关键,它可以帮助 AI 了解我们的诉求,以便生成我们需要的答案。对于离婚经济纠纷案件,我们一般会这样提问,而 AI 会根据我们的提问生成《证据收集清单》,如下。

> **问:**
> 我要生成一个关于离婚经济纠纷的证据收集清单。
> **AI:**
> 生成关于离婚经济纠纷的证据收集清单时,应考虑以下主要类别和具体项目:
> (1)财务账目:
> - 银行账户对账单
> - 信用卡账单
> - 投资账户记录
> - 养老金和退休账户详情
> (2)房产和其他重要资产:
> - 房产登记文件
> - 车辆所有权证明
> - 艺术品和珍品的购买收据或鉴定证书
> - 保险单
> (3)债务记录:
> - 贷款协议
> - 逾期债务通知
> - 信用协议及其余额证明
> (4)收入证明:
> - 近期的工资单
> - 税务申报表
> - 雇主发放的收入证明
> (5)生活费用的证明:
> - 家庭日常开支清单

第 7 章 法律工作处理 AI 时代

  – 学费、医疗费及其他固定费用的发票
（6）法律文件：
  – 婚前协议
  – 婚姻期间的任何财务协议或修改文件

这些文件将为解决离婚中的经济纠纷提供重要证据，帮助法官或调解者了解双方的财务状况和资产责任。在收集这些证据时，确保所有文件都是最新的，并且有助于构建全面和清晰的财务画面。

根据 AI 的回答，我们可以看出这个《证据收集清单》的覆盖面并不是很广泛，它只是一个大致的清单目录。所以，在使用 AI 的过程中，我们需要告诉 AI 具体的情况。我们可以直接以要离婚的"原告"一方的角度来向 AI 提问，如下。

问：
我和我丈夫结婚三年了，因为夫妻关系不和，丈夫有时会对我家暴，现在我想和他离婚，请问我需要收集什么证据，有助于我以后起诉离婚时保护自己的权利？

AI：
当然可以，以下是更加详细的指南，帮助你在准备离婚诉讼并保护自己的权利时收集必要的证据：

（1）家庭暴力证据
①医疗记录
– 去医院就诊时，详细说明受伤原因，确保医生记录在案。
– 保留所有的医疗报告、病历和费用单据，尤其是医生对伤情的诊断和治疗建议。
②照片或视频
– 及时拍摄受伤部位的照片或视频，确保能够清晰地展示受伤的部位和程度。
– 在拍摄时标注日期和时间，并记录受伤的详细情形和原因。
③证人证词
– 找到曾目睹或知道家庭暴力事件的邻居、朋友、家人，让他们为你作证。
– 让证人书写详细的证词，并在必要时愿意出庭作证。

④报警记录

- 每次发生家庭暴力时，尽可能报警，保留所有的报警记录和警察的处理报告。
- 如果警方出具了任何保护或处理决定，保留这些文件。

⑤保护令

- 申请保护令或人身安全保护措施，并保留法院出具的相关法律文件。
- 如果有违反保护令的情况，及时记录并报告警方。

（2）婚姻财产证据

①财产清单

- 详细列出所有的夫妻共同财产，包括房产、车辆、银行存款、股票、基金等。
- 确保清单内容详细准确，包含财产的位置、价值和获取时间等信息。

②财产证书和合同

- 收集和保留所有的房产证、购车合同、银行对账单、投资合同等文件。
- 如果有共同签署的财产合同，确保保留原件或复印件。

③债务记录

- 列出所有的夫妻共同债务，包括借款合同、欠条、信用卡账单等。
- 记录债务的金额、来源和偿还情况，并保留相关的文件。

（3）婚姻状况证据

①结婚证

- 保留原始结婚证，这是证明你们婚姻关系的法律文件。

②日常生活记录

- 记录日常生活中的冲突、沟通情况和相处细节，保持日记记录。
- 保存所有的短信、微信聊天记录、电子邮件等，尽可能详尽地记录每次冲突的时间、地点和内容。

（4）子女相关证据（如有）

①子女的出生证明

- 保留子女的出生证明，证明你们的亲子关系。

②子女的抚养情况

- 详细记录子女的抚养和教育情况，包括费用支出、照顾时间、日常生活安排等。
- 收集和保留子女的医疗记录、教育记录、兴趣班等相关文件。

其他建议

（1）寻求法律帮助

- 联系专业的离婚律师，咨询法律意见，并在律师的指导下准备和保留证据。
- 确保所有证据的合法性和有效性，以便在诉讼过程中能够被法院采纳。

（2）注意安全

- 在收集证据和处理家庭事务时，保持冷静和谨慎，确保自身安全。
- 如果感到有危险或威胁，及时报警并寻求保护。

这些详细的步骤将帮助你在离婚诉讼中更好地保护自己的权益。希望你能够顺利解决问题，保障自己的合法权益。

可以看出来，在我们"扮演"家暴受害者后，AI 为我们生成了一个证据收集方向，基本覆盖了我们需要收集的范围。对于离婚经济纠纷的案件，如果我们只告诉 AI "请提供离婚纠纷的证据收集方向"，它只能从客观上指出收集方向，但是对于离婚纠纷是什么，有什么要求等并不了解；如果我们能够扮演离婚案件中的"原告"，把其离婚的原因和诉求告诉 AI，这样会让它生成的答案更精确，从而更好地为我们提供帮助。需要注意的是，我们作为法律工作者，需要检查一下是否有遗漏。

7.3.2 巧妙引导提示

在 AI 给出证据收集方向之后，要清楚我们的目的是得到一份《证据收集清单》，我们可以直接询问 AI，来获取制作《证据收集清单》的基本内容和格式，如下。

（接上内容）

问：

好的，我明白了，我要制作一份因为家庭暴力，想要离婚的证据收集清单，请问都需要包括什么内容，格式又是什么呢？

AI：

制作一份家庭暴力离婚证据收集清单时，可以采用清晰的表格形式，以便记录和整理相关信息。以下是建议的内容和格式：

（1）在标题"民事案件证据清单"下方插入"表格"。

（2）插入的表格共设置6列，若干行（行数依据提交的证据数量设置）。

（3）表头内的内容自左向右依次为：

①序号（证据编号）：用于证据的检索和引用，证据编号一经确定不得随意变动，采用小写数字从"1"开始编排。如果在案件审理过程中需要补充提交证据，补充提交的证据编号应当接续此前已提交的最后一份证据的编号。

②证据材料名称：证据材料的名称应包括形成时间、参与形成的主体、材料编号（如有）及完整准确的名称。在证据清单中明确记载上述信息，可以有效防止相似或相近证据之间的混淆。若参与形成的主体为案件当事人，可以使用与案件其他法律文件中相同的简称。

③证明对象：证明内容前应当标注"证明："原则上，证据的证明对象应与民事起诉状或答辩状中所主张的事实一一对应。每份证据应对应一个证明对象。如果多份证据共同证明同一对象，可以合并"证明对象"并注明所合并证据共同证明的事实。如果就同一证明对象需要引用其他证据，应注明所引用的证据编号。若依据多份证据需制作独立法律文件，该文件可作为独立的演绎证据，但应注明所依据的具体证据。

④页码（非页数）：采用页码编排，从第1页开始设置，以方便庭审时快速查找。每份证据所对应的页码为该份证据的第1页所对称的页码编号。

⑤原件

⑥复印件

（4）表格的尾部由两部分组成：

第一行"以上证据材料共计"

第二行为提交人信息及提供时间。

两行内容都右对齐来书写。

这是您所要的证据收集清单的大致步骤和格式。

AI所生成的《证据收集清单》的格式是正确的。我们可以让它继续处理原有"离婚纠纷案件"的证据收集工作。

第7章 法律工作处理 AI 时代

（接上内容）

问：

请根据上面"离婚经济纠纷"的案件，把收集的证据清单，集成到表格中，格式符合上文你所给出的格式。

AI：

当然，下面是基于你提供的信息和格式要求制作的家庭暴力离婚证据收集清单表格。

民事案件证据清单

序号（证据编号）	证据材料名称	证明对象	页码	原件	印件
1	2023年3月15日医疗报告（参与形成主体：XXX医院，材料编号：12345）	证明：2023年3月15日因家庭暴力导致的受伤情况	1	有	有
2	2023年4月10日报警记录（参与形成主体：XXX警察局，材料编号：67890）	证明：2023年4月10日因家庭暴力报警的记录和处理结果	3	有	有
3	受伤照片（2023年5月5日拍摄，参与形成主体：本人）	证明：2023年5月5日因家庭暴力受伤的照片证据	5	有	有
4	2023年6月1日证人证词（参与形成主体：邻居张三）	证明：邻居张三目睹2023年5月5日家庭暴力事件的证词	7	有	有
5	保护令（2023年7月20日，参与形成主体：XXX法院）	证明：2023年7月20日申请的保护令	9	有	有
6	财产清单（详细列出所有夫妻共同财产，包括房产、车辆、银行存款、股票、基金等）	证明：夫妻共同财产的详细情况	11	有	有
7	财产证书和合同（房产证、购车合同、银行对账单、投资合同等）	证明：夫妻共同财产的合法权益	13	有	有
8	债务记录（借款合同、欠条、信用卡账单等）	证明：夫妻共同债务的详细情况	15	有	有
9	结婚证	证明：你们婚姻关系的法律文件	17	有	有
10	日常生活记录（记录日常生活中的冲突、沟通情况和相处细节，保存的短信、微信聊天记录、电子邮件等）	证明：婚姻期间的日常生活情况	19	有	有
11	子女的出生证明	证明：子女的亲子关系	21	有	有
12	子女的抚养情况记录（子女的抚养和教育情况，包括费用支出、照顾时间、日常安排等）	证明：子女的抚养和教育情况	23	有	有

以上证据材料共计 12 份。

提交人：XXX

提供时间：2025 年 2 月 19 日

请根据你的具体情况添加更多行，以记录和整理所有相关证据。这个表格格式可以帮助你有序地整理和提交证据，在庭审时方便引用和查找。

7.3.3 细致雕琢完善最后过程

上面 AI 在我们的引导下，已经生成了一个相对完善的《证据收集清单》，我们根据上面的表格，让当事人准备相关的证据材料即可。我们可以根据具体的情况，适当地增加或者删减其中的内容。举例来说，我们假设需要增加一些如：丈夫赌博的证明材料，可以直接告诉 AI，让它在表格中添加一项即可。如下，是经过我们多次完善所得到的证据收集清单的具体内容。

问：

我还有他曾经赌博的证明材料，可以增加进去吗？

AI：

好的，为您增加一行关于"赌博"的证明材料，以下是更新后的证据收集清单表格，包括你丈夫曾经赌博的证明材料：

……

以上证据材料共计 13 份。

提交人：XXX

提供时间：2025 年 2 月 19 日

问：

……

第 7 章　法律工作处理 AI 时代

AI：

民事案件证据清单

序号 （证据编号）	证据材料名称	证明对象	页码	原件	复印件
1	2023年3月15日医疗报告（参与形成主体：XXX医院，材料编号：12345）	证明：2023年3月15日因家庭暴力导致的受伤情况，医生诊断和治疗建议	1	有	有
2	2023年4月10日报警记录（参与形成主体：XXX警察局，材料编号：67890）	证明：2023年4月10日因家庭暴力报警的记录和处理结果，包括警察的处理报告	3	有	有
3	受伤照片（2023年5月5日拍摄，参与形成主体：本人）	证明：2023年5月5日因家庭暴力受伤的照片证据，展示受伤部位和程度，标注日期和时间	5	有	有
4	2023年6月1日证人证词（参与形成主体：邻居张三）	证明：邻居张三目睹2023年5月5日家庭暴力事件的证词，详细描述事件经过	7	有	有
5	保护令（2023年7月20日，参与形成主体：XXX法院）	证明：2023年7月20日申请的保护令，法院出具的相关法律文件	9	有	有
6	财产清单（详细列出所有夫妻共同财产，包括房产、车辆、银行存款、股票、基金等）	证明：夫妻共同财产的详细情况，包括财产的位置、价值和获取时间	11	有	有
7	财产证书和合同（房产证、购车合同、银行对账单、投资合同等）	证明：夫妻共同财产的合法权益，包含房产证、购车合同、银行对账单和投资合同等文件	13	有	有

序号 （证据编号）	证据材料名称	证明对象	页码	原件	复印件
8	债务记录（借款合同、欠条、信用卡账单等）	证明：夫妻共同债务的详细情况，包括借款合同、欠条、信用卡账单等，记录债务的金额、来源和偿还情况	15	有	有
9	结婚证	证明：你们婚姻关系的法律文件，结婚证原件	17	有	有
10	日常生活记录（记录日常生活中的冲突、沟通情况和相处细节，保存的短信、微信聊天记录、电子邮件等）	证明：婚姻期间的日常生活情况，包括冲突、沟通记录和相处细节，保存的短信、微信聊天记录、电子邮件等	19	有	有
11	子女的出生证明	证明：子女的亲子关系，子女的出生证明	21	有	有
12	子女的抚养情况记录（子女的抚养和教育情况，包括费用支出、照顾时间、日常生活安排等）	证明：子女的抚养和教育情况，包括费用支出、照顾时间、日常生活安排，收集和保留子女的医疗记录、教育记录、兴趣班等相关文件	23	有	有
13	赌博记录（参与形成主体：本人记录及银行对账单等）	证明：丈夫曾经赌博的行为，包括赌博记录、银行对账单等	25	有	有

以上证据材料共计 13 份。

提交人：XXX

提供时间：2025 年 2 月 19 日

我们通过生成《证据收集清单》的过程，可以了解到我们只需要像聊天一样，向 AI 描述案情和诉求，它就能根据这些信息，为我们提供一系列有针对性的证据收集建议，我们再根据 AI 生成的内容，一步一步引导它生成《证据收集清单》。虽然 AI 生成的《证据收集清单》只是一个初稿，但却可以给我们提供思路；虽然它不能代替我们进行专业的法律接单，但却可以为我们提供强大支持，让我们在工作中游刃有余。当我们面对复杂的证据收集任务时，就可以使用 AI 高效地完成工作。

第 4 节 轻松搞定法律表格、演示文稿和开庭陈述报告

法律工作中往往伴随着大量的数据和复杂的逻辑，通过 AI，我们可以更加高效地处理这些信息。

7.4.1 法律数据的可视化魔法

可视化图表是一种很高效的信息呈现方式。对于法律工作者来说，我们可以利用可视化图表来向他人描述复杂案件或者解释复杂的步骤。传统的流程图制作方式存在众多不便：制作复杂、费时间、制作成本高等。现在 AI 为我们制作流程图提供了便利，我们只需要和 AI 对话，告诉它我们制作什么样的流程图，然后再按照 AI 的指示一步一步操作就可以了。接下来，我们会制作一个"胜诉率变化的折线图"来提供示例。使用 AI 来生成处理和可视化数据的代码，让复杂的信息变得一目了然。

我们要把胜诉率的详细信息整理成适合处理的 Excel 文件或 CSV 文件格式，数据整理好后就可以通过 AI 生成用于处理和可视化数据的代码。我们可以用 Python 的 Pandas 和 Matplotlib 来实现这一点。具体来说，我们可以通过 AI 生成一段代码，用于读取 CSV 文件中的数据，然后创

建图表。假设我们有一组数据,记录了每个月处理的案件数量,我们可以用以下代码生成一个折线图:

```Python
# 创建示例数据
data = {
    'month': ['Jan', 'Feb', 'Mar', 'Apr', 'May', 'Jun', 'Jul', 'Aug', 'Sep', 'Oct', 'Nov', 'Dec'],
    'win_rate': [0.75, 0.80, 0.82, 0.78, 0.85, 0.90, 0.88, 0.92, 0.87, 0.85, 0.83, 0.89]
}
# 将数据转换为 DataFrame
df = pd.DataFrame(data)
# 生成折线图,展示胜诉率的变化
plt.figure(figsize=(10, 6))
plt.plot(df['month'], df['win_rate'], marker='o', linestyle='-', color='blue')
plt.title('Monthly Win Rate')
plt.xlabel('Month')
plt.ylabel('Win Rate')
plt.ylim(0, 1) # 设置 y 轴范围为 0 到 1
plt.grid(True)
plt.show()
```

通过这段代码,能生成一个折线图,其展示了每月处理的案件数量。图 7-1 中的 X 轴表示月份,Y 轴表示处理的案件数量。通过这个折线图,我们可以直观地看到每月案件处理数量的变化趋势。

第 7 章 法律工作处理 AI 时代

图 7-1 AI 根据胜诉率生成的折线图

AI 折线图生成页面的右上角位置，有选项卡，点击方框中的内容，可以来回切换"交互式折线图"和"静态折线图"，如图 7-2 所示。

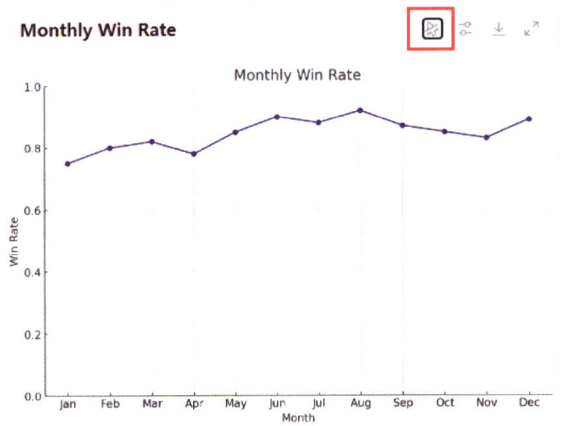

图 7-2 AI 内折线图操作页面

7.4.2 打造法律演示文稿的新体验

在法律人的日常工作中,制作演示文稿(powerpoint,简称 PPT)是一项非常重要的任务。在法律普及、工作汇报时,我们要在理清思路的同时,考虑该怎么去有效地呈现相关的信息。AI 可以帮助我们改变传统的 PPT 的制作模式,快速生成制作 PPT 所需要的内容,再配合其他工具来快速打造法律演示文稿。

其实通俗来说,PPT 的主要内容是最关键的,形式是附加的,为你的 PPT 增光添彩的。我们询问 AI,它可以告诉我们,怎么用 AI 来创建一个 PPT,如下。

> **问:**
> 请你讲解一下,我们该怎么用 AI 来创建一个法律方面的 PPT?
> **AI:**
> 使用 AI 打造法律演示文稿时,可以通过以下步骤实现:
> (1)确定演示主题和结构:明确演示的主题,比如知识产权法等。然后确定演示的结构,包括引言、主体部分和结论。
> (2)输入主题和需求:在与 AI 对话时,明确告诉它你的演示主题和需求。例如:"我要制作一个关于知识产权法的演示文稿,包括背景介绍、主要法律条款和案例分析。"
> (3)生成内容:根据演示的结构,逐段生成内容。可以逐步要求 AI 生成各个部分的内容。
> - 引言:要求 AI 提供关于主题的背景信息和重要性。
> - 主体部分:可以分段要求 AI 提供具体的法律条款解释、相关法律案例分析等。
> - 结论:让 AI 总结主要观点,并提出未来展望或建议。
> (4)优化内容:使用 AI 进一步优化生成的内容。例如,可以要求 AI 用更加专业的语言或简洁的表达方式重新组织某段内容。
> (5)制作演示文稿:将优化后的内容整理到演示文稿软件(如 PowerPoint、

Keynote)中。可以要求 AI 提供适当的标题、简洁的句子和关键点,以便于演示文稿的制作。

(6)视觉设计:询问 AI 关于如何设计演示文稿的视觉效果,包括使用什么样的图表、图片或配色方案,使演示文稿更具吸引力和易于理解。

(7)校对和完善:在完成初稿后,使用 AI 进行校对和完善。可以将整个演示文稿的文本粘贴到对话中,要求 AI 检查语言错误、逻辑一致性和内容完整性。

通过这种方式,您可以高效地使用AI打造一个结构清晰、内容全面的法律演示文稿。

我们以用 AI 创建一个"知识产权法"的法律普及讲座的 PPT 为例,来演示 AI 创建 PPT 的过程。

和常规创建 PPT 的步骤一样,我们要告诉 AI,我们要创建的 PPT 是什么主题。

问:
我要创建一个"知识产权法"的法律普及讲座的 PPT。
AI:
我可以帮你设计每页的内容框架,你可以根据框架来制作 PPT。以下是详细的 PPT 框架:
(1)标题页
-幻灯片内容:
 -知识产权法普及讲座
 -主讲人:姓名及职称
 -日期
 -背景图片:法庭或书本
(2)介绍
-幻灯片内容:
 -什么是知识产权?
  -定义及重要性
  -图片:法律图标、知识产权符号

- 知识产权的种类
  - 著作权
  - 商标权
  - 专利权
  - 商业秘密
  - 图片：不同种类的知识产权符号
（3）著作权
- 幻灯片内容：
  - 定义及范围
    - 保护的作品类型
    - 权利持有人
    - 图片：书籍、音乐、电影
  - 著作权的产生和保护
    - 自动保护机制
    - 著作权的注册
    - 图片：注册流程图
  - 侵权及救济措施
    - 侵权行为的界定
    - 维权途径
    - 图片：法律诉讼
（4）商标权
- 幻灯片内容：
  - 定义及重要性
    - 商标的概念
    - 商标的类型
    - 图片：商标图样
  - 商标注册
    - 注册流程
    - 注册的好处
    - 图片：注册流程图

- 商标侵权及救济
  - 侵权行为的识别
  - 维权途径
  - 图片：法庭或争议图
(5) 专利权
- 幻灯片内容：
 - 定义及范围
  - 发明、实用新型、外观设计
  - 图片：发明、设计图纸
 - 专利申请
  - 申请流程
  - 专利的生命周期
  - 图片：申请流程图
 - 专利侵权及救济
  - 侵权行为的识别
  - 维权途径
  - 图片：法律诉讼
(6) 商业秘密
- 幻灯片内容：
 - 构成要件
  - 商业秘密的构成要件
  - 图片：秘密文件
 - 保护商业秘密的方法
  - 内部管理措施
  - 法律保护
  - 图片：保护措施图
 - 商业秘密侵权及救济
  - 侵权行为的识别
  - 维权途径
  - 图片：争议场景

（7）知识产权的国际保护
- 幻灯片内容：
  - 主要国际条约和协议
    - 《巴黎公约》
    - 《伯尔尼公约》
    - 《马德里协定》
    - 图片：条约封面或国际会议图
  - 国际保护机制
    - 世界知识产权组织（WIPO）
    - 图片：WIPO标志

（8）案例分析
- 幻灯片内容：
  - 经典案例分享
    - 国内外经典知识产权纠纷案例
    - 图片：案件相关图片
  - 案例启示
    - 从案例中学习如何保护知识产权
    - 图片：案例总结图

（9）总结与问答
- 幻灯片内容：
  - 知识产权保护的重要性
    - 未来的发展趋势
    - 图片：总结图或未来展望图
  - 互动问答环节
    - 图片：问答图标

（10）参考资料
- 幻灯片内容：
  - 法律条文和学术资源
    - 相关法律条文
    - 参考书籍和文章

第 7 章 法律工作处理 AI 时代

——图片：法律书籍或文献图

（11）联系方式

——幻灯片内容：

——主讲人联系信息

——法律咨询途径

——图片：联系信息图标

你可以使用上述框架内容，在 PPT 软件中逐页制作。确保每页内容简洁，重点突出，图文结合，以提高讲座的吸引力和效果。如果需要更详细的具体内容或设计帮助，可以进一步告知我。

根据 AI 的回答，我们可以看到，它帮助我们设计的这个 PPT 框架共分为 11 部分。我们只需要按照上面的提示，逐页丰富内容就可以了。

我们以第 6 部分"商业秘密"为例子。可以看到如下内容，AI 总结了第 6 部分"商业秘密"的 PPT 具体应该讲解的内容有以下几部分：

（1）商业秘密的构成要件。

（2）保护商业秘密的方法。

（3）商业秘密侵权和救济。

问：

商业秘密保护的构成要件是什么？

AI：

在普法讲座中讲解商业秘密保护的构成要件是关键的一部分。以下是详细的内容，可以用于 PPT 制作和演讲：

（1）商业秘密的定义

商业秘密是指不为公众所知悉、具有商业价值并经过权利人采取合理保密措施的技术信息和经营信息。

（2）商业秘密的构成要件

秘密性：

——定义：信息必须不为相关公众所普遍知悉或容易获得。只有当信息具有秘密性，才符合商业秘密的基本要件。
　　－示例：未公开的技术配方、客户名单、市场策略等。
　　－注意：一旦信息被公开或泄露，便不再具备秘密性。
商业价值：
　　－定义：信息应当具有实际的或潜在的经济价值，能够为权利人带来竞争优势。
　　－示例：可以提高生产效率、降低成本、开拓市场的新技术、新产品等。
　　－注意：商业价值并不要求信息立即带来经济利益，只要有潜在的商业利益即可。
合理的保密措施：
　　－定义：权利人必须采取合理的措施来保护信息的秘密性。这是确保商业秘密不被随意获取和披露的必要条件。
　　－措施：
　　　－法律措施：签订保密协议（NDA）、竞业禁止协议。
　　　－技术措施：加密文件、限制访问权限。
　　　－管理措施：培训员工保密意识、设立专门的保密部门。
　　－示例：
　　　－公司在员工入职时签订保密协议。
　　　－对关键技术文件进行加密存储。
　　　－限制敏感信息的访问权限，仅授权相关人员使用。

（3）商业秘密案例分析
　　－案例1：某公司通过签订严格的保密协议和技术保护措施，成功保护了其核心技术，避免了竞争对手的窃取。
　　－案例2：某企业因未采取合理保密措施，导致商业秘密被前员工窃取并泄露，最终在诉讼中败诉。

（4）总结
　　－商业秘密保护的关键在于确保信息的秘密性、商业价值和合理保密措施的综合实施。
　　－通过法律、技术和管理多方面的手段，企业能够有效保护其商业秘密，维护其竞争优势。

Q&A 环节
　　－问题：什么样的信息可以被视为商业秘密？

－回答：任何不为公众知悉、具有商业价值并经过合理保密措施的信息都可以被视为商业秘密，如技术配方、客户名单、市场策略等。

PPT 设计建议

－使用清晰的标题和简洁的文字描述每个要点。

－插入案例分析和图表，增强视觉效果和理解。

－适当使用动画效果来突出重点内容。

希望这些内容能够帮助你制作一个高质量的商业秘密保护普法讲座 PPT。如需更多信息或具体帮助，请随时告知。

AI 贴心地为我们讲解了这部分内容，最后还设计了问答环节，增强我们在讲 PPT 的时候的互动性。最后，还给了我们 PPT 的设计建议。我们完全可以按照它的指引去一步一步生成我们想要的 PPT。

PPT 的制作主要有两大部分：内容和形式，AI 在生成内容方面正好是强项。我们可通过 AI 生成 PPT 的内容，再借助如 MindShow、MotionGo 等各种各样的自动化 PPT 制作工具，就可以制作出精彩丰富的 PPT。

7.4.3 利用智能助手生成法律表格

作为法律工作者，经常需要处理大量的法律文件和信息。对于他们来说，记住这些当事人就非常难了，更别说后面要记上他的个人信息、涉及的案件、诉求等。所以他们经常需要制作一个表格来展示自己当事人的各种信息。这种表格的制作非常复杂，而 AI 可以为此提供高效的智能助手服务，轻松生成法律表格。

我们以当事人的信息管理作为例子来讲解。比如，我们这有很多当事人的信息，现在需要按照姓名、身份证号、手机号等等来整理，这时可以和 AI 对话，如下。

问:

我这有一些案件当事人的信息,请帮我把""中的内容整理为一个表格,表头为:当事人信息记录表。

信息如下:"张三,110101199001010001,13800000001,北京市海淀区中关村大街1号,34岁,合同纠纷案件,主要涉及商业合同违约,索赔金额50万元。

李四,110102199002020002,13800000002,北京市朝阳区朝阳路2号,32岁,离婚诉讼案件,因家庭暴力提出离婚,要求财产分割和子女抚养权。

吴九,110107199007070007,13800000007,北京市通州区通州路7号,27岁,知识产权侵权案件,涉及专利侵权,要求停止侵权行为和赔偿损失。

王五,110103199003030003,13800000003,北京市东城区东直门大街3号,31岁,劳动争议案件,因无故被解雇,要求恢复工作岗位和经济赔偿。

孙七,110105199005050005,13800000005,北京市丰台区丰台路5号,29岁,交通事故案件,涉及交通事故的赔偿纠纷,要求赔偿医疗费和精神损失费。

赵六,110104199004040004,13800000004,北京市西城区西直门大街4号,30岁,借贷纠纷案件,借款未还,起诉对方偿还本金和利息。

冯十一,110109199009090009,13800000009,北京市昌平区昌平路9号,25岁,医疗纠纷案件,因医疗事故造成伤害,要求医院赔偿医疗费和其他损失。

周八,110106199006060006,13800000006,北京市石景山区石景山路6号,28岁,房产纠纷案件,房屋买卖合同纠纷,要求退还购房款。"

答:

好的,我现在需要帮用户整理一个"当事人信息记录表"。首先,用户给的信息是几个案件当事人的详细信息,每个条目包括姓名、身份证号、电话、地址、年龄、案件类型、案件描述和索赔金额。我的任务是把这些信息整理成一个表格,表头为"当事人信息记录表"

总结步骤:

(1)分割每个当事人的信息条目。

(2)提取各字段:姓名、身份证号、电话、地址、年龄、案件类型、案件描述及诉求。

(3)构建表格,确保表头正确,各列数据对应准确。

(4)使用 Markdown 格式呈现表格。

第 7 章 法律工作处理 AI 时代

整理后的表格如下:

表7-1 当事人信息记录表

姓名	身份证号	联系电话	住 址	年 龄	案件类型	案件描述及诉求
张三	110101199001010001	13800000001	北京市海淀区中关村大街1号	34岁	合同纠纷案件	主要涉及商业合同违约,索赔金额50万元
李四	110102199002020002	13800000002	北京市朝阳区朝阳路2号	32岁	离婚诉讼案件	因家庭暴力提出离婚,要求财产分割和子女抚养权
吴九	110107199007070007	13800000007	北京市通州区通州路7号	27岁	知识产权侵权案件	涉及专利侵权,要求停止侵权行为和赔偿损失
王五	110103199003030003	13800000003	北京市东城区东直门大街3号	31岁	劳动争议案件	因无故被解雇,要求恢复工作岗位和经济赔偿
孙七	110105199005050005	13800000005	北京市丰台区丰台路5号	29岁	交通事故案件	涉及交通事故赔偿纠纷,要求赔偿医疗费和精神损失费
赵六	110104199004040004	13800000004	北京市西城区西直门大街4号	30岁	借贷纠纷案件	借款未还,起诉对方偿还本金和利息
冯十一	110109199009090009	13800000009	北京市昌平区昌平路9号	25岁	医疗纠纷案件	因医疗事故造成伤害,要求医院赔偿医疗费和其他损失
周八	110106199006060006	13800000006	北京市石景山区石景山路6号	28岁	房产纠纷案件	房屋买卖合同纠纷,要求退还购房款

等待 AI 生成完毕后，即可得到如表 7-1 所示的表格。AI 生成的表格非常简单，而且准确，如果我们想在表格中添加一列，或者一行，可以直接告诉它。

> 问：
> 请在上面的表格中，添加如下信息：朱十九，1101171990017170017，13800000017，北京市密云区密云路 17 号，20 岁，公共安全案件，因公共安全事故受伤，要求赔偿医疗费和精神损失费。
> 答：①
> 更新后的表格如下：

表 7-2 当事人信息记录表修改（节选）

| 朱十九 | 1101171990017170017 | 13800000017 | 北京市密云区密云路 17 号 | 20 岁 | 公共安全案件 | 因公共安全事故受伤，要求赔偿医疗费和精神损失费 |

> 已经将朱十九的相关信息添加到表格中。现在的表格包含了所有当事人的详细信息。如果有其他修改或补充，请告诉我。

无论是增加新的案件信息，还是删除不再需要的条目，AI 都能轻松应对，确保表格内容的准确性和完整性，如表 7-2 所示。AI 就像一个随时待命的智能助手，能够协助法律从业者高效、准确地管理法律表格，让工作变得更加轻松和高效。

7.4.4 制作精彩的开庭陈述报告

每个律师对于开庭陈述环节都不陌生。它不仅是案件展示的关键时刻，更是展现律师专业素养和辩护能力的重要舞台。然而，制作一份详

---

① 为了节省篇幅，此处仅展示表格的最后一行，省去上文的重复部分。

尽而有力的开庭陈述报告，往往需要我们投入大量的时间和精力。在当今这个时代，科技的进步为我们带来了新的解决方案——使用 AI，这样不仅可以极大地节省我们的时间，还提高了工作效率。

当我们需要准备开庭陈述时，可以通过与 AI 的交互，快速生成一个结构清晰、内容完整的陈述大纲。我们只需向 AI 描述案件的基本情况、争议焦点以及我们想要强调的论点，AI 便能够基于这些信息，为我们生成一个初步的陈述草案。我们以"离婚诉讼"的开庭陈述为例子来详细讲解 AI 怎么为我们制作一个精彩的开庭陈述报告。

我们要明白通过这个开庭陈述达到什么样的目标，比如说，当事人的诉求是什么，我们希望法官了解哪些事实和证据等等。在明确这些内容之后，我们可以直接和 AI 对话，提供关于这个案件的详细背景信息，如下。

问：
我需要准备一个当事人离婚诉讼的开庭陈述。以下是案件背景：
- 结婚时间：2017 年
- 婚后暴力：2019 年和 2020 年多次发生（列举详细事实）
- 孩子：5 岁，希望获得抚养权
- 请求：离婚和财产分割。
请帮助我制作一个开庭陈述。

AI：
好的，这是你的开庭陈述初稿：
开庭陈述稿
尊敬的法官：
您好。本人是本案原告代理律师，就与被告的离婚诉讼，现陈述以下事实与请求。
一、婚姻状况概述
原告与被告于 2017 年结婚，共同生活已有七年。婚后曾有过一段和谐美好的时光，但自 2019 年起，原告的生活开始受到家庭暴力的威胁。

二、家庭暴力的事实

2019年和2020年期间,被告多次对原告实施家庭暴力,具体情况如下:

1. 2019年5月,因家庭琐事,被告对原告实施第一次暴力行为,导致原告身心受到严重伤害。

2. 2019年12月,因经济问题,被告再次对原告进行人身攻击,造成明显的身体伤害。

3. 2020年3月,因子女教育问题,被告对原告进行第三次暴力行为,导致原告住院治疗。

以上事实均有相关医疗记录、警方报案记录以及目击证人的证词为证。

三、子女抚养问题

原告与被告育有一名五岁的孩子,基于以下理由,请求法庭将孩子的抚养权判给原告:

1. 孩子的最佳利益:在被告的暴力环境下,孩子的身心健康将受到严重影响。而原告具有稳定的收入和良好的抚养能力,能够为孩子提供安全、健康的成长环境。

2. 实际抚养事实:孩子自出生以来主要由原告照顾和抚养,与原告有深厚的感情基础。

四、财产分割请求

在婚姻存续期间,原告与被告共同积累了一定的财产,请求法庭依法公平分割。具体分割方案如下:

1. 共同财产:包括房产、车辆及银行存款,具体数额和分配方案可根据相关法律法规和双方实际情况进行调解。

2. 个人财产:在婚前原告个人所拥有的财产及婚后因个人努力获得的收入,请法庭确认并归原告个人所有。

五、结论与请求

基于上述事实与法律规定,原告请求法庭判决:

1. 解除原告与被告的婚姻关系。
2. 判决孩子由原告抚养,被告支付相应的抚养费用。
3. 依法分割婚姻存续期间的共同财产。

恳请法庭在审理过程中,充分考虑原告所提供的证据和陈述,维护原告与孩子的合法权益。

谢谢法官!

第 7 章 法律工作处理 AI 时代

> 此致
> 敬礼
> 原告：[原告的姓名]
> 日期：[开庭日期]

我们可以看到 AI 生成的开庭陈述初稿已经基本具备离婚诉讼开庭陈述报告的雏形，之后我们可以要求 AI 针对具体部分进行修改和优化。比如说，我们觉得上面开庭陈述初稿中的事实陈述部分不够详细，我们可以直接让它修改。

> （接上文对话框）
> **问：**
> 请帮我继续改进事实陈述部分，使其更详细。
> **AI：**
> 好的，这是改进后的事实部分。
> 二、家庭暴力的事实
> 2019 年和 2020 年期间，被告多次对原告实施家庭暴力，具体情况如下：
> 1. 2019 年 5 月：因家庭琐事，被告在家中与原告发生激烈争执。争执过程中，被告突然失去理智，猛推原告，导致原告摔倒在地，并随即用拳头殴打原告的脸部和身体。此次暴力行为导致原告面部受伤，眼角破裂，有明显的淤青和肿胀。原告当即前往医院进行治疗，医疗记录显示原告面部有多处挫伤，并需接受缝合治疗。原告拍摄了多张受伤后的照片，并向邻居求助，邻居可以提供目击证词。
> ……
> 三、子女抚养问题
> 原告与被告育有一名五岁的孩子，基于以下理由，请求法庭将孩子的抚养权判给原告：
> 1. 孩子的最佳利益：在被告的暴力环境下，孩子的身心健康将受到严重影响。而原告具有稳定的收入和良好的抚养能力，能够为孩子提供安全、健康的成长环境。原告所在的工作单位也提供了充分的家庭支持和福利，确保孩子的教育和生活不受影响。

原告还提供了孩子的心理评估报告,报告显示孩子在原告的照顾下情绪稳定,而在被告的影响下情绪波动较大。

……

我们还可以询问 AI 相关法律条文和判例,把这些内容都放到开庭陈述初稿里,增加说服力,最后让 AI 对整个陈述进行最终审阅和润色,确保语言流畅,逻辑严密,如下。

(接上文对话框)

问:
请提供一些相关的法律条文和判例来支持我的请求。

AI:
在离婚诉讼中,可以引用以下法律条文和相关判例来支持其请求:

一、法律条文

1. 中华人民共和国民法典

中关于婚姻的部分

……

2. 中华人民共和国未成年人保护法

第六条:保护未成年人的工作,应当遵循最有利于未成年人的原则。

第十条:未成年人的父母或者其他监护人应当为未成年人提供生活、教育、医疗等方面的保障,保护未成年人的合法权益。

二、相关判例

判例一:北京市某法院 2019 年(离婚纠纷案例)

案情简介

……

三、引用参考

家庭暴力证据:

报警记录、医院诊断书、目击证人的证词。

子女抚养权:

孩子的成长记录、学校老师的推荐信、心理评估报告、邻居的证词、与孩子共同

第 7 章 法律工作处理 AI 时代

生活的照片和视频。

财产分割：

结婚前后财产清单、购买合同、银行流水。

通过引用以上法律条文和判例，原告可以有效支持离婚诉讼中的请求，证明家庭暴力、子女最佳利益以及公平分割财产的必要性。希望这些信息能够帮助原告在诉讼中获得应有的支持和保护。

之后可对开庭初稿进行润色，最终生成开庭陈述稿，如下。

（接上文对话框）

问：

请你帮我生成最后的开庭陈述稿。

AI：

开庭陈述稿

尊敬的法官：

您好。本人是本案原告的代理律师，就与被告的离婚诉讼，现陈述以下事实与请求。

一、婚姻状况概述

原告与被告于2017年结婚，共同生活已有七年。婚后曾有过一段和谐美好的时光，但自2019年起，原告的生活开始受到家庭暴力的严重威胁。

二、家庭暴力的事实

2019年和2020年期间，被告多次对原告实施家庭暴力，具体情况如下：

1. 2019年5月：因家庭琐事，被告在家中与原告发生激烈争执，失去理智后猛推原告，导致原告摔倒在地，并用拳头殴打原告的脸部和身体。此次暴力行为导致原告面部受伤，眼角破裂，有明显的淤青和肿胀。原告随即前往医院进行治疗，医疗记录显示原告面部有多处挫伤并需缝合治疗。此外，原告拍摄了多张受伤后的照片，并向邻居求助，邻居可以提供目击证词。

2. 2019年12月：因经济问题，被告再次对原告实施暴力。在家中，被告与原告发生争执，推倒原告并用脚连续踢打原告的腹部和背部。原告感到剧痛，无法动弹，随后被送往医院。医院诊断证明显示原告有两根肋骨骨折，并伴有内出血。原告在医院住院治疗两周，并向警方报案，警方记录了此次事件并对被告进行了警告处理。

3. 2020年3月：因子女教育问题，被告在家中对原告进行第三次暴力行为。被告在争吵中失去理智，拿起厨房中的刀具威胁原告，并用力掐住原告的脖子，导致原告呼吸困难，险些窒息。原告在挣扎中逃脱，并拨打急救电话。急救记录显示原告颈部有明显掐痕，医生建议原告住院观察。此次事件有急救记录、医院诊断书以及目击证人的证词。

此外，在这两年期间，原告多次遭受被告的语言侮辱和心理虐待。被告常在孩子面前大声辱骂原告，使用侮辱性语言，导致原告长期处于精神压力之下，无法正常生活。原告多次向朋友和家人寻求帮助，他们可以提供相应的证词，证明原告所述事实。

根据《中华人民共和国民法典》的相关规定，夫妻一方要求离婚的，如感情确已破裂，调解无效，应准予离婚。原告提供的证据表明，被告长期实施家庭暴力，已导致夫妻感情确已破裂，符合上述法律规定。

三、子女抚养问题

原告与被告育有一名五岁的孩子，基于以下理由，请求法庭将孩子的抚养权判给原告：

1. 孩子的最佳利益：在被告的暴力环境下，孩子的身心健康将受到严重影响。而原告具有稳定的收入和良好的抚养能力，能够为孩子提供安全、健康的成长环境。原告所在的工作单位也提供了充分的家庭支持和福利，确保孩子的教育和生活不受影响。原告提供的孩子心理评估报告显示，孩子在原告的照顾下情绪稳定，而在被告的影响下情绪波动较大。

2. 实际抚养事实：孩子自出生以来主要由原告照顾和抚养，与原告有深厚的感情基础。原告负责孩子的日常生活、教育和医疗，被告很少参与孩子的抚养和教育。原告提供了孩子的成长记录、学校老师的推荐信以及邻居的证词，证明原告在抚养孩子方面付出了大量的心血和努力。此外，原告还提供了孩子与原告共同生活的照片和视频，显示了孩子在原告照顾下的幸福生活。

依据《中华人民共和国未成年人保护法》第六条和第十条的规定，保护未成年人的工作应当遵循最有利于未成年人的原则。未成年人的父母或者其他监护人应当为未成年人提供生活、教育、医疗等方面的保障，保护未成年人的合法权益。因此，为了孩子的最佳利益，请求法庭将孩子的抚养权判给原告。

四、财产分割请求

在婚姻存续期间，原告与被告共同积累了一定的财产，请求法庭依法公平分割。

具体分割方案如下：

1. 共同财产：包括位于XX市的房产、一辆家庭车辆以及银行存款共计XX万元。具体数额和分配方案可根据相关法律法规和双方实际情况进行调解。原告愿意接受公正的财产分割，但希望能够优先获得房产的居住权，以保障孩子的生活稳定。原告还提供了财产清单和相关证明文件，证明财产的实际情况。

2. 个人财产：在婚前原告个人所拥有的财产及婚后因个人努力获得的收入，请法庭确认并归原告个人所有。原告在婚前购置的一套公寓和一辆汽车，以及婚后通过工作收入购置的部分高价值物品，希望法庭能够确认其归属。原告提供了婚前财产的购买合同和婚后收入的银行流水，证明这些财产和收入应归原告个人所有。

根据《中华人民共和国民法典》第三十九条，离婚时，夫妻的共同财产由双方协议处理；协议不成时，由人民法院根据财产的具体情况，照顾子女和女方权益的原则判决。

五、结论与请求

基于上述事实与法律规定，原告请求法庭判决：

1. 解除原告与被告的婚姻关系。
2. 判决孩子由原告抚养，被告支付相应的抚养费用。
3. 依法分割婚姻存续期间的共同财产。

相关判例

1. 北京市某法院2019年（离婚纠纷案例）：

– 法院认定被告长期对原告实施家庭暴力，已导致夫妻感情破裂，符合《中华人民共和国民法典》中关于"实施家庭暴力"的规定，应准予离婚。同时，根据《中华人民共和国未成年人保护法》的规定，为了孩子的最佳利益，孩子应由母亲抚养。

2. 上海市某法院2020年（离婚纠纷案例）：

– 法院认定被告的虐待行为已导致夫妻感情破裂，符合《中华人民共和国民法典》关于"虐待家庭成员"的规定，应准予离婚。同时，法院依据《中华人民共和国民法典》关于"照顾子女和女方权益"的原则，公平分割双方共同财产。

恳请法庭在审理过程中，充分考虑原告所提供的证据和陈述，维护原告与孩子的合法权益。

谢谢法官！

此致

敬礼

> 原告：[原告的姓名]
> 日期：[开庭日期]

使用 AI 来制作开庭陈述报告，可以极大地节省我们的时间，提高工作效率。它不仅能够为我们提供高质量的文本生成服务，还能够帮助我们进行事实核查和法律研究，确保我们的陈述内容既专业又准确。在这个信息爆炸的时代，借助科技的力量来提升我们的工作效率，无疑是一种明智的选择。需要注意的是，对于上面所生成的法条，我们需要根据专业法律知识来判断是否准确。AI 所生成的开庭陈述报告只能作为参考，具体的内容应该以相关专业知识和理论为准。

第 5 节　AI 驱动法律文书一键生成

律师在工作中免不了要和各种法律文书打交道，这些法律文书包括但不限于起诉状、答辩状、调解协议、判决书、法律意见书等。每一种文书都有特定的格式和内容要求，需要律师在撰写过程中严格遵守，同时要结合具体案件的实际情况来确保文书的准确性和完整性。如果这时候有一个工具能帮助律师或法律工作者撰写这些法律文书，那一定会提高他们的工作效率。AI 就是这样一个工具，它内置的数据库中，有各种法律文书的格式和内容要求，并且深知每种文书的撰写细节和规范。

我们以 AI 生成起诉状为例，来讲解 AI 如何助力法律文书自动生成。

起诉状是诉讼程序中较为重要的法律文书之一，它的主要作用是在启动法律程序前能清楚地向法院陈述原告的诉讼和理由。精心准备的起诉状能够详细地说明事实基础和法律依据，还有助于法院做出正确的判决。所以起诉状是比较考验律师功底的内容，制作起来也比较费时间。

第 7 章 法律工作处理 AI 时代

但现在我们可以使用 AI 来自动生成起诉状。

我们要明确起诉书的基本要素,比如说原告和被告的基本信息、诉讼请求、事实理由、法律依据等。我们准备好这些信息就可以跟 AI 对话,引导它来生成完整的起诉状。如果我们不清楚需要准备什么信息,可以直接询问 AI,如下。

> **问:**
> 假设你是一位资深律师,需要写一份关于离婚起诉状,请你告诉我具体需要什么信息?
>
> **AI:**
> 撰写离婚起诉状需包含以下信息:
> (1)原告和被告信息:需包括全名、年龄、职业、住址以及身份证号码。
> (2)婚姻概况:结婚日期、结婚地点、婚姻状况的描述(如是否存有夫妻感情,是否分居等)。
> (3)起诉原因:
> 描述导致起诉的详细原因,如不可调和的矛盾,家庭暴力,重婚,长期失踪等。
> 对于家庭暴力的指控,需提供确凿的证据,如医疗报告、警方报告或目击者证言。
> (4)子女情况(如适用):
> 子女的年龄、健康状况及教育状况。
> 对子女抚养权的请求,包括主张的具体理由。
> (5)财产分割:
> 列出婚姻期间共同财产的详细清单,包括不动产、存款、股票、债务等。提出财产分割的具体方案和理由。
> (6)诉讼请求:
> 正式请求法院裁定离婚。
> 对子女抚养权的具体请求。
> 对财产分割的具体请求。
> 请求支付抚养费或赡养费(如适用)。
> (7)证据清单:
> 列出所有支持起诉请求的证据,包括但不限于书面证据、物证、证人证言等。

（8）法律依据：

引用适用的法律条款，如《中华人民共和国民法典》相关条款。

（9）附件：

提交所有证据文件的副本，如婚姻证书、财产登记文件、子女出生证明等。

我们可以看到，AI 给出写离婚起诉状需要准备的资料，我们准备好这些信息后，可以和 AI 继续对话。

（接上面对话）

问：

我准备了如下信息：

原告张华，34 岁，会计师，与被告李明，36 岁，工程师，居住在北京市海淀区。两人于 2015 年 2 月 14 日在北京结婚。由于李明的持续家庭暴力行为，双方自 2023 年 1 月起分居，婚姻关系完全破裂。关于子女，双方有一女，李小芳，出生于 2016 年 6 月，目前由张华抚养。张华请求判决其独立抚养子女，并要求李明支付抚养费。关于财产分割，请求法院依法分割双方婚姻期间共同财产，包括北京市的一套房产和银行存款共计 100 万元。此外，张华还提交了医疗报告、警方报告以及邻居的证言作为家庭暴力的证据。所有证据均已附在起诉书附件中。此起诉基于《中华人民共和国民法典》的相关规定，请求法院依法处理。

AI：

好的，根据您提供的信息，现在生成如下离婚起诉状，请注意，以上起诉书样本仅供参考，具体内容可能需要根据实际情况调整。建议在提交法院之前，由专业律师进行审查和修改，以确保符合法律规定和程序要求。

离婚起诉状

北京市海淀区人民法院：

原告：张华，女，1989 年 3 月 5 日出生，34 岁，会计师，住址北京市海淀区海淀路 88 号，身份证号码：110108198903058888。

被告：李明，男，1987 年 7 月 20 日出生，36 岁，工程师，住址北京市海淀区海淀路 88 号，身份证号码：110108198707208888。

诉讼请求：

（1）请求判决原告张华与被告李明离婚。

（2）请求判决原告张华独立抚养女儿李小芳，并要求被告李明支付子女抚养费。

（3）请求依法分割夫妻共同财产，包括北京市的一套房产及银行存款共计 100 万元。

（4）请求被告李明承担本案的全部诉讼费用。

事实与理由：

原告张华与被告李明于 2015 年 2 月 14 日在北京市登记结婚，婚后育有一女李小芳，出生于 2016 年 6 月 1 日。婚姻初期，双方感情尚可，但自 2019 年起，被告逐渐表现出暴力倾向，家庭暴力事件频发。原告多次忍让并尝试修复婚姻关系，但被告暴力行为并未收敛，甚至愈演愈烈。2023 年 1 月，原告因不堪忍受被告的暴力行为，决定与被告分居。

分居期间，原告多次尝试与被告进行调解，但均告失败。根据《中华人民共和国民法典》第一千零七十九条的规定，夫妻感情确已破裂，调解无效的，应当准予离婚(State Power Portal)。现双方分居已超过一年，感情完全破裂，原告请求法院依法判决离婚。

关于子女抚养，依据《中华人民共和国民法典》第一千零六十八条的规定，父母双方平等享有对子女的抚养、教育和保护的权利和义务(维基文库，自由的图书馆)。由于被告的暴力行为，为保护女儿李小芳的身心健康，原告请求独立抚养女儿，并要求被告支付每月 5000 元的抚养费，以保障李小芳的基本生活和教育需求。

关于夫妻共同财产，依据《中华人民共和国民法典》第一千零六十二条的规定，夫妻在婚姻关系存续期间所得的财产为夫妻共同财产，归夫妻共同所有（State Power Portal）。原告请求法院依法分割双方共同财产，包括北京市的一套房产及银行存款共计 100 万元。原告建议将房产判归被告所有，但要求被告支付相应的财产补偿款 50 万元予原告，银行存款则请求平分。

证据材料：

（1）婚姻证书复印件。

（2）分居协议书。

（3）医疗报告、警方报告及邻居证言，证明被告的家庭暴力行为。

（4）财产清单及相关证明材料。

法律依据：

（1）《中华人民共和国民法典》第一千零七十九条：夫妻一方要求离婚的，可以直接向人民法院提起离婚诉讼。人民法院审理离婚案件，应当进行调解；如果感情确已破裂，调解无效的，应当准予离婚 (State Power Portal)。

（2）《中华人民共和国民法典》第一千零六十八条：父母有教育、保护未成年子女的权利和义务 (维基文库，自由的图书馆)。

（3）《中华人民共和国民法典》第一千零六十二条：夫妻在婚姻关系存续期间所得的财产，为夫妻共同财产 (维基文库，自由的图书馆)。

综上所述，原告因无法忍受被告的持续家庭暴力行为，导致夫妻感情破裂，婚姻关系已无继续维持的可能。为保护原告及女儿的合法权益，特向贵院提起诉讼，请求法院依法判决支持原告的诉讼请求。

此致

北京市海淀区人民法院

原告：张华

[日期]

AI 根据我们所提供的信息，很快生成了初稿，在初稿生成时还告诉我们，这是一个起诉状的样本，建议由专业的律师进行审查和修改，最终确保符合法律规定和程序要求。在起诉状的后面法律条文引用时，AI 还提供了蓝色下划线超链接，方便我们点进去查看引用法律条文的准确性。我们经过核实查证和修改，这份离婚起诉状就可以直接使用了。

第8章
AI 背后的伦理与隐忧

当我们使用 AI 工具时，需要注意其背后的伦理和隐忧。AI 对自己背后的伦理和隐忧是这么理解的如下。

问：
你是怎么看待你背后的伦理和隐忧的？

AI：
关于我背后的伦理问题和隐忧，可以从两个主要方面进行探讨：数据和隐私问题，以及算法偏见与透明性。

（1）数据与隐私保护：

我的训练涉及大量的数据，这些数据来源于公开的互联网资源、图书、报纸等。尽管数据来源广泛，但这带来了数据隐私的问题。确保数据来源的伦理合规性和用户隐私的保护是重要的伦理问题。例如，尽管我在对话中不保留用户信息，但对数据的采集和处理过程需确保不侵犯个人隐私权，且数据使用需符合法律法规。

（2）算法偏见与透明性：

作为人工智能模型，我存在着算法偏见的可能性。训练数据的选择和处理方式可能会导致我在提供信息时的偏见。例如，如果训练数据中的某些群体信息不足或被误解，我可能在回答中无意中体现出这种偏见。此外，算法透明性也是关键问题，意味着用户和监管机构需要理解算法的决策过程。然而，由于复杂的机器学习模型本身具有一定的"黑盒"特性，完全透明是一个挑战。

解决这些问题需要多方面的努力,包括改进数据采集和处理的透明度、加强对偏见的监控和纠正机制,以及发展可解释的人工智能技术。同时,建立严格的伦理审查和监管机制也是必要的措施。通过这些方式,可以在保护用户隐私和确保算法公正性的基础上,发挥人工智能的积极作用,减少可能的负面影响。

第1节 AI生成的内容算抄袭吗

其实这个问题就像是哲学课上的头脑风暴,其中有很多的不确定性和辩论的空间。AI并不像人类,它们没有明确的创作意图和意识,只是根据输入的数据生成输出的内容。

AI所生成的内容本质可以追溯到它的训练过程。我们都知道AI模型是通过大量数据训练而来的,其中包括文本、图像、音乐等各种素材。AI在生成新的内容时,实际上是在这些数据上进行"创作",它生成内容的过程实际上是机器创作的过程。

AI生成的内容有一定的随机性和变异性。我们向ChatGPT提出一个问题,等它回复完毕后,再问它一遍,看看结果如何?

> **问:**
> 你认为AI生成的内容,算抄袭吗?
> **AI:**
> AI生成内容是否构成抄袭,取决于多个因素,包括生成内容的源数据、处理方式以及生成结果的独创性。AI模型如GPT通常基于大规模数据集训练,这些数据集可能包括公共领域文本、许可文本或用户输入。模型生成的内容是对训练数据的统计学习和模式识别的结果,不是简单的复制粘贴。
>
> 抄袭的本质是未经授权使用他人的原创作品,并声称为自己的创作。如果AI生

成的内容足够独创，即模型在学习过程中创造了新的表达方式，这通常不被视为抄袭。然而，如果生成的内容与特定源文本高度相似或直接复制，则可能涉及侵权。

因此，是否将 AI 生成内容视为抄袭，需要具体分析内容的原创性、使用目的以及是否有适当的归属或引用。在法律和道德层面，这仍是一个发展中的讨论领域。

问：

你认为 AI 生成的内容，算抄袭吗？

AI：

AI 生成的内容是否算抄袭，取决于几个关键因素：

（1）生成过程的机制：AI 模型（如 GPT）通过学习大规模数据集中的模式和结构生成新内容，而不是简单地复制现有文本。这意味着生成的内容是对训练数据的综合和重组。

（2）内容的独创性：如果 AI 生成的内容是基于多种来源的数据和模式，且生成的文本具有足够的独创性和新颖性，那么通常不被视为抄袭。然而，如果生成内容与某一特定来源的文本高度相似，可能会被认为是抄袭。

（3）使用目的：生成内容的使用目的也影响是否构成抄袭。如果生成内容用于商业用途或学术写作，且没有适当的引用和归属，则可能被视为抄袭。如果是用于个人用途或非商业用途，情况可能有所不同。

（4）法律和道德标准：不同国家和地区对抄袭和版权的法律规定不同。AI 生成内容是否构成抄袭还需要根据具体的法律框架和道德标准进行评估。

总之，AI 生成内容是否算抄袭需要具体情况具体分析，包括内容的独创性、生成过程、使用目的以及相关法律和道德标准。

我们可以看到，询问 AI 同一个问题的时候，不同的时间段生成了两种不同的答案。这种随机性和变异性在上面对话中体现得淋漓尽致，它并不是简单的对数据文本的复制粘贴，而是通过复杂的算法和大量的数据处理之后生成新的内容。

另外一个更深层次的问题就是责任归属问题。如果说 AI 生成的内容在某种程度上构成抄袭，那负责任的应该是开发 AI 的公司还是使用 AI 的个人，更或者是 AI 这个机器本身？

其实从伦理道德方面来考量,我们应该提高 AI 的透明度。我们在使用 AI 生成内容的时候,需要明确它的数据来源,明确它是否使用未经授权的素材。只有这一切都透明的时候,我们才能更好地判断 AI 所生成内容的合法性和道德性。

第 2 节　使用 AIGC 时如何尽量避免侵权

最近几年是人工智能高速发展的时期,我们应该注意如何在使用 AI 工具的时候避免侵权。

《中华人民共和国著作权法》旨在保护创作者的原创作品不被未经许可的使用,而 AIGC 技术常常涉及使用大量现有作品来训练算法,以生成新的内容。这就产生了一个问题:这些由 AI 生成的作品是否应当被视为侵犯原有作品的版权?在我国现有法律框架下,如果 AI 的输出与已存在的作品过于相似,即使这个行为是无意的,也可能构成侵权。所以在使用 AIGC 技术时,我们必须确保所生成的内容在合理的范围内,不直接复制或过度借鉴他人的原创作品。

在使用 AIGC 生成的内容时,明确标示内容是由 AI 创作的,可以在一定程度上减轻法律责任,这其实也是增加透明度的一个具体体现。比如说一些视觉艺术作品,如果能够注明其由 AI 生成,并且在创作过程中没有直接依赖于某一作品,可能会更容易避开版权纠纷。我们可以看到现在某些短视频平台上,有部分视频下面标注了"此视频为 AI 生成,请注意辨别真伪"等文字。对于 AI 使用的训练数据,我们应该通过合法途径获得,这也是让自身免于侵权指控的有效策略。

我们在创作和分享 AI 生成的内容时,应当采取一种负责任的态度,尊重原创者的劳动成果和版权。随着技术的进步和法律的逐步完善,未来可能会有更多关于 AI 与版权的具体法规出台。所以说持续关注相关的法律动态，了解新的规定和指导方针，是每一个 AIGC 使用者必须做的事情。

第9章
AI革命下的未来律师的发展

AI的融入不仅改变了律师的工作方式,更催生了新的职业角色与任务。我们见证了从传统律师到AI法律顾问的转变,这不仅是职能的变迁,也是思维方式和法律实践的深刻演化。随着法律服务自动化和个性化程度的提高,法律专业人士面临着如何在保持专业精准与道德判断的同时,利用AI提高效率和效果的双重挑战。法律人应该思考如何在AI时代适应AI、主导AI,把握属于未来律师的全新机会。询问AI,它对AI革命下未来律师的发展是这么理解的,如下。

> **AI:**
> 在人工智能(AI)革命的背景下,未来律师的角色和工作方式将经历显著的变革。以下几点揭示了这些变革的轮廓:
> (1)自动化的增强:
> AI技术将使大量标准化和重复性高的法律工作自动化,如合同审核、文书起草和案例研究。通过AI工具,律师能够更快地处理日常任务,从而把更多时间用于需要深层次法律分析和战略规划的复杂问题上。
> (2)决策支持系统的发展:
> AI能够处理和分析大量数据,为律师提供关于案件可能的结果、法律风险评估和

最优策略的预测。这种预测性分析将帮助律师做出更加科学的决策，提升法律服务的效率和质量。

（3）客户服务的改进：

AI 的运用将使律师能够提供更加个性化和高效的客户服务。例如，通过自然语言处理（NLP）和机器学习，律师事务所能够提供 24/7 的客户咨询服务，以及根据客户历史和偏好定制的法律建议。

（4）伦理与责任问题的重构：

随着 AI 技术在法律领域的应用日益广泛，律师需要重新考虑与伦理和责任相关的问题。例如，当 AI 工具提供的建议导致负面后果时，责任归属问题将变得复杂。同时，确保客户数据的安全和保密也成为律师必须面对的新挑战。

（5）持续教育与技能更新：

律师需要不断更新其技能集，以适应 AI 技术的快速发展。这不仅包括法律专业知识的更新，还包括对新技术的理解和应用能力的提高。

总体而言，AI 将不会取代律师，但会大幅改变他们的工作方式。律师能够利用 AI 提高工作效率，同时需要在法律伦理、技术使用和专业发展等方面不断适应和学习。这些变革预示着律师职业在提高专业服务质量和效率方面的巨大潜力，也提出了新的职业挑战和伦理问题。

第 1 节 AI 改变了律师工作的方式

对于律师而言，AI 正在改变其工作方式。当我们查阅资料的时候，借助 AI，会像百度搜索一样简单，我们只需要告诉它我们需要什么，它就能在几秒内给出我们想要的答案。这可以让律师有更多的精力去做一些诸如像制定策略、跟不同的客户沟通等需要人类智慧才能完成的事情。

AI 技术的逐渐发展使法律咨询的模式也在逐渐发生变化。传统的法律服务通常涉及繁杂的事务处理和信息整理，而现在这些任务可以交由智能系统完成。AI 可以帮助我们分析大量的判例和法规，迅速找到相关

的法律依据和历史案例，极大地缩短了案件研究的时间。

AI 的应用还使律师能够提供更加个性化的服务。通过对客户数据的深入分析，AI 可以帮助律师更好地理解客户的具体需求和期望，从而提供更有针对性的法律建议和解决方案。这种高度个性化的服务不仅提升了客户满意度，也增强了客户与律师之间的信任关系。

面对这些变革，律师需要重新思考自己的角色和价值。在 AI 承担更多常规性和技术性工作的同时，我们应该更多地专注于那些需要深厚法律理解、战略思维和人际交往能力的领域。律师不再仅是信息的处理者，而是策略的设计者和客户关系的建设者。

第 2 节　律师的新角色

其实，律师的角色本质并没有改变，他依然是为了维护公平和正义，但在人工智能技术的推动下，律师从信息的门户和法律问题解决者的角色转变为更复杂、更有内涵的综合性角色。

之前律师的工作重点是进行法律研究、案件准备以及充当诉讼代表。而在 AI 技术的推动下，律师可以把自己的精力从烦琐的资料查找和案例分析中解放出来，转而专注于策略的制定和执行。因为 AI 提供的对未来法律的预测使律师能为客户制定更具有前瞻性、定制化的法律策略。

在 AI 革命的背景下，律师不仅需要深入了解法律知识，更必须掌握相关技术工具，如区块链技术在智能合约应用和数据保护法律执行中的使用。这要求律师成为技术的整合者，评估各种技术的法律影响，并将其应用于日常法律实践中，以提升工作效率和效果。AI 的辅助使律师能够更深入地分析客户数据，从而更有效地管理客户关系并提供个性化服务。通过 AI 分析客户业务操作和市场环境，律师能主动提供法律咨询服务，帮助客户规避风险和优化业务结构。

AI 技术在风险评估方面的应用使律师可以更精准地进行法律风险的识别和预测。大数据技术不仅能够在商业法律实践方面提供数据驱动的决策支持，还适用于刑事辩护和公共政策等多个领域。律师还需要扮演教育者的角色，引导客户理解 AI 技术及其对法律实践的影响，并作为领导者推动法律服务的创新，确保行业的持续发展和对技术进步的适应。

在伦理和合规方面，随着 AI 技术的普及，律师在确保 AI 工具的使用符合法律规定和道德标准方面扮演着至关重要的角色。他们不仅提供合规建议，还在 AI 的设计和实施过程中提供伦理指导，尤其是在处理敏感数据和个人隐私方面，保证技术应用的正当性和安全性。可见，律师在 AI 时代不仅是法律问题的解决者，更是技术应用、客户服务、风险管理以及伦理指导的关键推动者。

第 3 节　从传统律师到 AI 法律顾问的演进

在过去，律师的形象常常与书架上厚重的法典和案卷紧密联系在一起，他们在纸堆中寻找案件的先例和法律依据。但现在，随着人工智能的介入，这一传统景象正在逐渐改变，开启了从传统律师到 AI 法律顾问的演进之路。

AI 的引入极大地简化了信息获取和数据处理的过程。想象一下，律师通过简单的语音命令就可以让 AI 系统在数秒内搜索、分析并整理出所需的法律信息。这不仅节省了大量的时间，也让律师能够更快速地响应客户需求。更重要的是，这种高效率的工作方式为律师释放出更多精力去处理那些更需要人类智慧和经验的工作，如策略制定和复杂谈判。

AI 不仅仅是一个信息处理工具，还能进行模式识别和预测分析。这

意味着律师可以利用 AI 分析大数据，预测案件可能的发展趋势，从而提前准备相应的法律策略。例如，AI 可以通过分析历史判决结果，帮助律师评估某一策略的成功率，使其做出更为科学的决策。

律师在成为 AI 法律顾问的过程中，也必须更新他们的技能集。这不仅包括对新技术的学习和掌握，更包括对法律实践的重新思考。AI 法律顾问需要理解和操作复杂的技术系统，并能够在此基础上提供专业的法律意见。这一转变也促使律师必须持续学习，不断适应新的法律环境和技术要求。

AI 虽然带来了便利和效率，但也引发了一些问题。例如，律师如何在保持专业独立性和客观公正性的同时，合理利用 AI 的辅助功能？如何确保在 AI 的帮助下提供的法律服务既符合法律伦理，又能满足客户的个性化需求？这些问题都需要现代法律顾问去思考和解答。

第 4 节　法律服务变得自动化和更个性化

随着人工智能技术的融入，法律服务行业正在经历一场革命，其中最显著的变化就是服务的自动化和个性化。这两个方面的发展不仅提高了法律服务的质量和效率，而且大大提升了客户的体验。

自动化最早改变的是律师工作的日常面貌。在传统的法律工作中，大量时间被文书处理、资料搜索和案例分析等重复劳动所占据。现在，AI 技术可以接手这些任务，从基础的资料整理到复杂的法律研究，AI 都能够快速准确地完成。例如，通过自然语言处理（NLP）技术，AI 可以理解和解析法律文档，自动从大量资料中提取关键信息，甚至预测判决结果。这不仅极大提高了工作效率，还减少了因人为错误可能导致的风险。自动化还体现在客户交互中。AI 驱动的聊天机器人可以全天候回答客户的基本咨询、处理预约和进行初步的案件评估。客户不再需要在工作时间排队等待，他们可以随时获取所需信息，大大提高了服务的可达性和便捷性。

AI 的数据分析能力使律师能够深入理解每一个客户的独特需求。通过分析客户的历史数据、业务模式和市场环境，AI 可以帮助律师为每个客户量身定制法律策略。不同于以往"一刀切"的服务模式，现在的法律服务可以更加精准地满足个体需求，提供更有针对性的法律建议。举个例子，对于企业客户，AI 可以根据其业务运营的具体情况，预测潜在的法律风险并提出预防措施。这种基于数据的预测不仅可以帮助企业及时应对可能的法律问题，还可以在制定长远战略时考虑到法律因素，优化决策过程。

法律服务行业正在朝着更加智能和客户友好的方向发展。客户可以享受到快速、高效且高度定制的法律服务，律师则可以把更多的时间和精力投入需要高级判断和创造性解决方案的问题上。律师也在这种变化中逐步从传统的信息处理者向着战略顾问和决策支持者转变。

第 5 节　面对 AI 时代的挑战：把握未来的机会

在 AI 时代，挑战和机遇并存。

面对 AI 的集成，律师需要重新思考他们的职业路径和发展方向。AI 的介入无疑提高了处理大量数据和常规任务的效率，但这也引发了对于律师角色和价值的重新评估。传统上，很多法律工作涉及大量的信息处理和案件准备，现在这些可以由 AI 快速完成。这种转变虽然提高了效率，但也促使律师必须提升自己的其他技能，如战略思考、人际沟通和

道德判断，这些是 AI 难以涉及的领域。

AI 技术的广泛应用也引起了人们对数据隐私和安全的关注。随着客户数据被广泛用于法律分析和预测，如何保护这些信息不被滥用成了一个重大议题。律师和法律机构需要确保他们在使用 AI 技术的同时，严格遵守数据保护法规。这不仅是合规的需要，也是维护客户信任和律师职业声誉的关键。

AI 的发展也带动了法律服务的全球化趋势。通过 AI 技术，律师能够跨越地理限制，为全球客户提供服务。这为法律专业人士提供了前所未有的市场机会，但也带来了激烈的国际竞争。律师不仅要精通本国法律体系，也需要对其他法律体系有所了解，以便更好地服务跨国客户。

面对这些挑战，律师需要持续学习和适应新技术。这意味着他们不仅要更新自己的法律知识，还要掌握 AI 及其相关技术的基本操作。此外，持续的职业发展和教育将成为律师职业生涯中不可或缺的一部分，以确保他们能够有效使用 AI 工具，同时保持对法律实践深度的理解和批判性思维能力。